AF252295

ÉTUDE

SUR

L'ACTION DISCIPLINAIRE

DE LA

LÉGION D'HONNEUR

PAR

Joseph DURIEUX

Docteur en droit

Rédacteur à la Grande Chancellerie de la Légion d'Honneur

PARIS

LIBRAIRIE NOUVELLE DE DROIT ET DE JURISPRUDENCE

ARTHUR ROUSSEAU

ÉDITEUR

14, Rue Soufflot et Rue Toullier, 13

1900

ÉTUDE SUR L'ACTION DISCIPLINAIRE

DE LA

LÉGION D'HONNEUR

ÉTUDE

SUR

L'ACTION DISCIPLINAIRE

DE LA

LÉGION D'HONNEUR

PAR

Joseph DURIEUX

Docteur en droit

Rédacteur à la Grande Chancellerie de la Légion d'Honneur

PARIS

LIBRAIRIE NOUVELLE DE DROIT ET DE JURISPRUDENCE

ARTHUR ROUSSEAU

ÉDITEUR

14, Rue Soufflot et Rue Toullier, 13

—

1900

A la mémoire de mon Père.

À ma Mère et à mes Frères.

PRÉFACE

La décoration est toujours, au dire exact d'un chroniqueur contemporain, une affirmation et une marque extérieure d'un mérite personnel. « En admettant que les distinctions honorifiques ne créent pas le mérite, écrit M. Henry Fouquier, et que la vertu au sens le plus général du mot n'ait pas besoin d'elles, elles l'encouragent et la signalent, lui donnant par cela seul la valeur de l'exemple, ce qui est tout à fait essentiel. Fût-ce en retenant un peu le mobile qui nous pousse au bien, elles développent le bien parmi nous. Beaucoup de bonnes et utiles choses ont été faites par des hommes qui souhaitaient la croix. Et peut-être tout autant de mauvaises choses n'ont pas été faites, ceux qui en avaient la pensée ou la tentation se trouvant être des légionnaires qui craignaient de démériter. Désirées ou obtenues, les décorations maintiennent le sentiment de l'honneur, qui est de plus en plus nécessaire dans les sociétés contemporaines pour faire contrepoids à l'envahissement universel du pouvoir de l'argent. »

Après cet exposé du rôle utile que jouent les déco-

rations, il ne semble pas nécessaire d'insister lon-
guement pour montrer la légitimité d'une action
disciplinaire à l'encontre de leurs titulaires et justifier
la nature spéciale de cette action.

Etablie pour prévenir les abus et maintenir la
bienséance d'une profession, la vindicte disciplinaire
s'explique, en effet, très bien. « La discipline a pour
but, observait Treilhard à propos de la magistrature,
de conserver chez les membres de l'ordre judiciaire
cette pureté de mœurs et de conduite qui doit les
distinguer parmi tous les citoyens... Le soupçon ne
doit pas même les atteindre, et c'est à l'écarter loin
d'eux que la législation sur la discipline doit s'attacher dans toutes ses parties. » Les mêmes principes
de sauvegarde se retrouvent dans d'autres compagnies,
où il y a les mêmes raisons de dignité professionnelle
et de salut corporatif.

La légitimité de cette vindicte ne paraît pas moins
évidente lorsqu'il s'agit de la Légion d'honneur. La
discipline est le premier besoin de cette institution ;
elle en est la première qualité, elle est la garantie
de sa grandeur. « Nul ne conteste, a très bien dit
M. Aucoc, la nécessité d'une justice disciplinaire à
l'égard des membres de la Légion d'honneur. Plus
cette marque de distinction les élève au-dessus de
leurs concitoyens, plus ils sont tenus de donner dans
leur conduite l'exemple de la correction, de la droi-
ture, de la loyauté, plus il importe que les membres
devenus indignes par une défaillance de porter le
signe de l'honneur soient retranchés de la corporation

dont ils compromettent le prestige. » L'impunité jetterait la suspicion dans l'Ordre tout entier.

Il faut noter seulement que la qualité de légionnaire constitue non une fonction, mais une récompense, et qu'elle ne comporte plus de serment. Aux termes de l'article 8 de la loi du 29 floréal an X, chaque individu nommé dans la Légion devait jurer sur son honneur de se dévouer au service de la République (bientôt à la personne de l'Empereur), à la conservation de son territoire dans son intégrité, à la défense de son gouvernement, de ses lois et des propriétés qu'elles ont consacrées ; de combattre par tous les moyens que la justice, la raison et les lois autorisent, toute entreprise tendant à rétablir le régime féodal, à reproduire des titres et qualités qui en étaient l'attribut ; enfin de concourir de tout son pouvoir au maintien de la liberté et de l'égalité. La prestation du serment dans la chapelle de l'Hôtel des Invalides, le 26 messidor an XII (15 juillet 1804), fut l'occasion d'une imposante solennité ; le grand chancelier fit l'éloge pompeux de la Légion en qui il voyait le présage le plus sûr des plus heureuses destinées : « Immense monument de gloire, disait-il, elle montre toutes les professions honorées. toutes les affections réunies, tous les services récompensés, toutes les grandes actions célébrées, tous les hauts faits couronnés, toutes les vertus, tous les talents offerts à l'admiration des siècles et au faîte de ce monument impérissable resplendissent ces mots sacrés : Honneur, Patrie et Napoléon. Voilà ce que vous allez jurer de défendre sur vos armes, sur votre renommée, sur vos vertus, sur l'autel du Dieu des batailles, de la paix et de la liberté. » Un peu plus tard, ce fut à la personne royale que fut prêté le serment de fidélité des membres de la Légion qui était ainsi conçu d'après l'article 13 de l'ordonnance du 19 juillet 1814 : je jure d'être fidèle au Roi, à l'Honneur et à la Patrie. Puis l'ordonnance du 26 mars 1816 (art. 35) ajouta à ces paroles le serment par le légionnaire de révéler à l'instant tout ce qui pourrait venir à sa connaissance et qui serait contraire au service de Sa Majesté et au bien de l'Etat, de ne prendre aucun service et de ne recevoir aucune pension ni traitement d'un prince étranger, d'observer les lois, ordonnances et règlements, et généralement de faire *tout ce qui est du devoir d'un brave et loyal chevalier de la Légion d'honneur*. Enfin l'article 29 du décret organique du 16 mars 1852 qui imposait au récipiendaire le serment ci-après : « Je jure fidélité au Président de la République, à l'Honneur et à la Patrie ; je jure de me consacrer au bien de l'Etat et de remplir les devoirs d'un brave et loyal chevalier de la Légion d'honneur », se trouve aujourd'hui abrogé par le décret du 5 septembre 1870 qui abolit le serment politique.

Cette parenthèse fermée, les obligations spéciales du légionnaire ont survécu au serment dont il était tenu. La Légion d'honneur constitue toujours un Ordre à part, une corporation distincte, et sa devise « Honneur et Patrie » symbolise en sa brève formule le devoir et le dévouement, l'honneur et le patriotisme. Suivant une emphatique parole du président Muraire à Lacépède le 10 fructidor an xii (28 août 1804), la Légion d'honneur, aussi puissante que l'étoile miraculeuse qui conduisit autrefois les rois d'Orient, devra guider invariablement ses membres dans la carrière du devoir et de l'honneur. Aussi la considération de l'Ordre commande une sévérité plus grande que celle exigée par l'intérêt social, elle prescrit une morale supérieure à la morale courante, elle édicte des obligations plus strictes que celles des Codes ; car ce qui n'est pas contraire à la loi, ainsi que le remarquait Portalis, n'est pas toujours honnête (Tit. IV, art. 8).

En distinguant ses membres du reste des Français, la Légion d'honneur crée et impose, s'il est possible, des devoirs nouveaux ; elle ajoute, a-t-on dit, de la force et de l'activité à ce ressort de l'honneur qui meut si puissamment la nation française : « Quel plus bel hommage, répondait-on déjà en 1802 à ceux qui reprochaient à l'institution de blesser les principes de l'égalité, que de voir dans les mêmes rangs, sous la même bannière, le soldat intrépide et l'honnête magistrat, le jeune guerrier couvert de gloire militaire et le sénateur vénérable, le modeste savant et les chefs de l'Etat couronnés de toutes les vertus civiques ; tous confondus entre eux, mais distingués de leurs concitoyens, ils seront *les modèles animés de tout ce qui est grand, bon et généreux.* » Du fait même de cette marque de distinction, ses membres assument de plus lourdes charges. Décoration oblige, et c'est bien cette idée qu'exprime nettement le vieil adage : *honos et onus !*

L'honneur ! ce mot résume tous les devoirs du légionnaire. Qu'est-ce donc que l'honneur ? Après avoir dépeint la génération de l'Empire, née avec le siècle et de laquelle il était, cette génération de lycéens qui ne voyaient « dans les tropes et les logarithmes que des degrés pour monter à l'étoile de la Légion d'honneur, la plus belle étoile des cieux pour des enfants » Alfred de Vigny a consacré à ce sentiment de l'honneur une page éloquente, la meilleure analyse qu'on en pourrait trouver : « Ce n'est pas une foi neuve, un culte de nouvelle invention, une pensée confuse ; c'est un sentiment né avec nous, indépendant des temps, des lieux et même des religions ; un sentiment fier, inflexible, un instinct d'une incomparable beauté, qui n'a trouvé que dans les temps modernes un nom digne de lui, mais qui déjà produisait de sublimes grandeurs dans l'antiquité et la fécondait comme ces beaux fleuves qui, dans leur source et leurs premiers détours, n'ont pas encore d'appellation. Cette foi, qui me semble rester à tous encore et régner en souveraine dans les armées est celle de l'*Honneur*.

« . . . . L'homme, au nom d'Honneur, sent remuer quelque chose en lui qui est comme une part de lui-même, et cette secousse réveille toutes les forces de son orgueil et de son énergie primitive. Une fermeté invincible le soutient contre tous et contre lui-même à cette pensée de veiller sur ce tabernacle pur, qui

est dans sa poitrine comme un second cœur où sié-
gerait un dieu. De là lui viennent des consolations
intérieures d'autant plus belles qu'il en ignore la
source et la raison véritables ; de là aussi des révé-
lations soudaines du Vrai, du Beau, du Juste : de là
une lumière qui va devant lui.

« L'Honneur, c'est la conscience, mais la conscience
exaltée. C'est le respect de soi-même et de la beauté
de sa vie portée jusqu'à la plus pure élévation et
jusqu'à la passion la plus ardente. . . . Toujours et
partout il maintient dans toute sa beauté la dignité
personnelle de l'homme. L'Honneur, c'est la pudeur
virile. La honte de manquer de cela est tout pour
nous. C'est donc la chose sacrée que cette chose inex-
primable ! » (1)

Plus que pour toute autre personne, l'Honneur
sera, pour le légionnaire, l'unique règle de sa conduite et l'inspiration de sa vie. Tributaire de son
nom, justement jalouse de son titre, la Légion d'honneur s'appliquera à maintenir dans toute sa beauté
la dignité personnelle de ses membres. Voilà pourquoi
elle doit rester au-dessus des moindres taches et ne
pas être soupçonnée. Tout acte de nature à affaiblir
le respect qui lui est dû se trouve par là même répréhensible. Il ne faut pas qu'un légionnaire, abusant
de la confiance légitime qu'elle inspire, se serve de
sa décoration pour faire des dupes et discrédite impunément l'Ordre dont il fait partie. L'élite n'est l'élite

(1) Servitude et Grandeur militaires : La canne de jonc.

qu'à la condition de rejeter loin d'elle tout ce qui, soulevant la réprobation, affaiblirait la juste considé-, ration qui s'attache à elle. Il en va ainsi des décorations conférées pour le courage ou la loyauté : l'éclat de la Légion d'honneur ne saurait être terni. Cette institution, dont le nom seul exprime si héroïquement la fin, disait, en 1852, M. Victor Foucher au Conseil de l'Ordre, devait veiller plus que toute autre à conserver radieuse et sans tache sa glorieuse étoile, en n'ouvrant les rangs de sa phalange qu'aux plus méritants entre les méritants et en se séparant de ceux dont la conduite souillait ou faisait pâlir sur leurs poitrines les rayons de ses insignes.

Pour veiller à la scrupuleuse répression des défaillances individuelles qui ne manqueraient pas de rejaillir sur tous les légionnaires, afin de sauvegarder son prestige et mettre à couvert sa propre responsabilité, l'Ordre a eu de bonne heure sa réglementation particulière, une juridiction disciplinaire, un tribunal de famille, un Conseil maître lui aussi de son tableau et libre de l'épurer sous la haute autorité du Chef de l'Etat. Sans doute, les membres de la Légion d'honneur sont nommés à vie et la destination d'une récompense est de durer jusqu'à la mort, nonobstant la démission même. Mais on sème des récompenses pour recueillir des vertus, s'écriait Lucien Bonaparte avant le vote de la loi de floréal ; une distinction pour des services doit être un gage et un garant que l'on en rendra de nouveaux. Aussi, à rebours de cette perpétuité et de ce caractère viager, comme un correctif regrettable mais nécessaire de cette inamovibilité, quelque déplacé qu'il puisse sembler en notre matière, il a fallu établir la répression des fautes déshonorantes et permettre contre les indignes les éventualités possibles de la privation définitive ou tout au moins de la censure et de la suspension. Le bon renom qui entoure une si respectable institution doit être protégé, car il en est inséparable ; la dignité est de son essence et la discipline, comme pour l'armée, fait sa force principale. De la Légion d'honneur aussi il est vrai d'assurer que la décadence de la discipline produirait des maux sans remède (1). Les poursuites exercées contre un membre indigne ne sont qu'un hommage rendu à la dignité des autres. Au surplus, qu'importe l'humiliation indirectement voulue d'un seul *quia peccavit*, pourvu que l'honneur du corps entier reste sauf?

Telle est la raison d'être de l'action disciplinaire de la Légion d'honneur. C'est cette action qui fait l'objet de notre étude. Mais le travail que nous entreprenons nécessite la solution préalable d'une question plus vaste: celle de définir l'action disciplinaire en général, de faire ressortir ses grandes lignes, de synthétiser en quelque sorte ses caractères fondamentaux. Après cet examen d'ensemble, traité d'une manière incidente mais utilement pour éclairer notre sujet, nous retracerons l'évolution de la réglementation

(1) D'Aguesseau, 18ᵉ Mercuriale.

disciplinaire de la Légion d'honneur jusqu'à nos jours. Puis nous aborderons cette action et les diverses phases de son existence, les causes du droit d'action, ses procédés de mise en œuvre, enfin l'extinction des poursuites en discipline et de la peine.

Il nous reste à indiquer succinctement les travaux existant déjà sur la matière et qui nous ont servi de guides. Il faut placer au premier rang de cette bibliographie spéciale les savantes études où M. Léon Aucoc a condensé avec sa haute autorité de jurisconsulte et sa longue expérience de membre du Conseil de l'Ordre les principes de la discipline des légionnaires : *La discipline de la Légion d'honneur et le contrôle des nominations*, Paris, A. Picard, 1890, in-8, 51 p. [Extrait du compte-rendu des séances et travaux de l'Académie des Sciences morales et politiques, tome 34ᵉ, nouvelle série, 1890, 2ᵉ semestre, p. 509 à 555] ; *La discipline de la Légion d'honneur*, 1895, in-8, 24 p. [Extrait de la Revue politique et parlementaire, nᵒ d'août, et publié dans la Gazette des Tribunaux des 4, 5 et 6 du même mois]. Mentionnons un excellent article sur les *Questions contentieuses relatives à la Légion d'honneur et à la Médaille militaire* de M. Le Vavasseur de Précourt dans la Revue critique de législation et de jurisprudence, 1877, p. 305 à 324. On trouvera également d'utiles renseignements dans l'attachant ouvrage de M. Delarbre : *La Légion d'honneur, histoire, organisation et répertoire de la législation en vigueur* (Paris, Baudoin, 1887, in-8, 364 p.), ainsi que dans les récentes mono-

graphies de M. Emile Defaux sur la *Légion d'honneur*,
la *Médaille militaire* et les *Médailles commémoratives*
parues au Répertoire général alphabétique du Droit
français.

ÉTUDE

SUR

L'ACTION DISCIPLINAIRE

DE LA

LÉGION D'HONNEUR

INTRODUCTION

NOTION DE L'ACTION DISCIPLINAIRE

SECTION I. — CONCEPTION JURIDIQUE.

Faire ce que défendent, ne pas faire ce qu'ordonnent les lois qui ont pour objet le maintien de l'ordre social et la tranquillité publique, est un délit.

C'est la définition qu'a donnée du délit le Code des délits et des peines du 3 brumaire an IV (Art. 1er), et à laquelle il faut se reporter puisque notre Code pénal actuel ne le définit pas.

Du même fait générateur, qui constitue l'infraction ou le délit, procèdent habituellement deux actions : l'une publique, l'autre privée ; la première en résultant nécessairement, tandis que la deuxième est subordonnée à la lésion d'un intérêt particulier. La Société, d'une part, a le droit d'infliger une peine au délinquant, de réprimer la violation des lois qui nuirait à son existence ou aux intérêts généraux qu'elle doit protéger. Ce droit a pour dépositaires des magistrats spéciaux investis de son exercice sous la dépendance du Gouvernement qui répond de l'ordre; comme mandataires de la Société, ils saisiront les juridictions répressives, requerront toutes mesures utiles pour le jugement, veilleront à l'exécution des décisions et à l'application de la loi : d'où leur appellation significative, caractéristique, de Ministère public.

D'autre part, la partie lésée, s'il y en a une, a le droit de demander réparation du préjudice moral ou matériel qu'elle éprouve. Et son droit armé, c'est l'action civile, dont la base réside dans le principe formulé d'une manière si ample par l'art. 1382 du Code civil : tout fait quelconque de l'homme, qui cause à autrui un dommage, oblige celui par la faute duquel il est arrivé, à le réparer.

Toute infraction, en définitive, paraît susceptible d'une double sanction. Mais, indépendamment du trouble social et du dommage individuel, l'infraction peut porter atteinte à l'honneur d'un corps institué ou d'un service public, auquel appartient celui dont l'indignité est reconnue, et dès lors donner ouverture à une action disciplinaire, en vue de mesures spéciales de répression s'étendant de la censure à la suspension et pouvant aller jusqu'à l'exclusion. Nous supposons ici des manquements répréhensibles, des défaillances graves et déshonorantes, qui rejailliraient fâcheusement sur la corporation, compromettraient son renom, abaisseraient son prestige, diminueraient son autorité morale. L'intérêt de ces compagnies exige leur discipline; et c'est, en quelque sorte, un intérêt public. Dans ce but, pour leur sauvegarde, il y a des moyens répressifs établis pour garantir l'observation des règles qui sont leur force ou leur raison d'être, pour refréner la violation des prescriptions professionnelles, et d'une manière générale, tout ce qui irait à l'encontre du but de l'institution; car il existe une étroite solidarité entre l'honneur d'un membre et la considération de l'ordre dont il fait partie. C'est là justement le rôle de la discipline. L'action disciplinaire a pour objet un manquement aux devoirs de la fonction ou profession réglementée ou de la qualité; pour but, le maintien de la discipline nécessaire, dans l'intérêt moral du corps dont les règles ont été méconnues; et pour moyens, des mesures ou espèces de peines à prendre ou infliger par une juridiction instituée dans ce but, avec certaines formes (1).

Il faut noter que l'action disciplinaire ne dérive point, comme on l'a cru, de l'action publique. Elle a,

(1) Morin : *De la discipline des Cours et Tribunaux*, t. II, p. 186, (3ᵉ éd.).

en effet, ses caractères propres, qui la différencient également de l'action civile, à laquelle elle ne ressemble pas davantage.

Et d'abord, l'action disciplinaire, bien que restreinte à certaines personnes, a un domaine infiniment plus vaste que l'action publique, laquelle s'applique, il est vrai, à tous les citoyens, mais ne réprime que les infractions aux lois positives. Elle s'exerce pour des actes qui ne sont ni prévus, ni qualifiés par la loi pénale ; elle s'étend à tous les faits non caractérisés qui peuvent affaiblir la considération du corps dont fait partie leur auteur. En délimitant son domaine, la Cour de Cassation marquait aussi son indépendance : l'action en discipline, disait un arrêt du 12 mai 1827 spécial à la magistrature, instituée pour maintenir dans l'intérêt public cette sévérité de délicatesse, cette dignité de caractère, cette intégrité de mœurs, qui doivent toujours distinguer la magistrature, est indépendante de la vindicte publique en matière criminelle, correctionnelle et de simple police, comme celle-ci est indépendante de l'action en discipline. « C'est qu'en effet, observait M. le procureur-général Dupin en 1858, par l'action disciplinaire, on poursuit des manquements à l'honneur du corps, à la dignité professionnelle, aux plus minutieuses susceptibilités de la délicatesse, manquements qui peuvent avoir été commis sans que se présentent les circonstances et les conditions caractéristiques du crime ou du délit. » La Cour suprème adopta ces conclusions, dans un arrêt du 5 juillet de la même année, d'une importance capitale en la matière, et dont nous croyons utile de mentionner la substance.

Le pouvoir disciplinaire (y était-il dit) apprécie les faits soumis à son action, non au point de vue du droit pénal et du trouble causé à l'ordre social, ni au point de vue du droit civil et de l'atteinte portée à un intérêt privé, mais seulement dans leurs rapports avec l'honneur et la considération du fonctionnaire inculpé. Il rentre ainsi dans ses attributions de connaître de toute imputation, quelle qu'en soit la nature, qui aurait pour effet de compromettre tout à la fois la réputation de probité ou de délicatesse de ce fonctionnaire et l'autorité morale ou la dignité de la fonction dont il est revêtu (1).

Ainsi la compréhension de l'action disciplinaire est très large. Cette action n'embrasse pas seulement tout ce qui est illicite, elle peut encore être la conséquence de la transgression de certains devoirs. Pour le commun des hommes, tout acte qui n'est pas formellement interdit est nécessairement permis : *non omne quod licet honestum est, licet tamen.* Suivant la remarque de M. Faustin-Hélie, la loi pénale ne punit pas tous les faits immoraux ; elle ne frappe que ceux qui peuvent causer un trouble social ou constituer une atteinte

---

(1) Cass. 5 juil. 1858, D. 1858, 1. 269.

grave à la sécurité publique ; tout y est absolument de droit strict : la prohibition existe ou n'existe pas, l'acte est défendu ou ne l'est pas.

Ici, rien de semblable. S'il s'agit d'oubli des lois de l'honneur, les faits ne peuvent être définis d'avance, et, dans l'impossibilité de les prévoir tous, il a fallu, pour ce nouveau *Jus non scriptum*, s'en rapporter aux lumières et à la conscience de juges propres. La simple défaillance devient une faute grave, un mauvais exemple, une flétrissure qui s'étend et à laquelle il importe de remédier. Comme noblesse, fonction et dignité obligent. Le pouvoir disciplinaire englobe toutes les coupables faiblesses ; son domaine s'étend aussi loin que les actes, quels qu'ils soient, de nature à déconsidérer la corporation, et il n'est même pas borné par le fameux mur de la vie privée.

C'est pourquoi, à côté de la législation générale répressive, on trouve des dispositions spéciales, des juridictions particulières prises dans le sein de la corporation ou placées au-dessus d'elle à qui est dévolue l'application d'une correction domestique sans débat public *(hæc domestica potius castigatio quam publica quædam judicii forma)*, en vue de perpétuer les traditions d'honneur et de maintenir l'honorabilité professionnelle. On conçoit très bien que la magistrature, par exemple, est naturellement faite pour conserver le dépôt des mœurs comme celui des lois, et qu'un magistrat, noté d'infamie, noterait d'infamie le corps judiciaire tout

entier : « Magistrats, disait éloquemment Garat (1), je
» vous parle de l'austérité de vos devoirs comme on
» parle aux autres hommes de leur intérêt et de leur
» gloire ; il ne vous est pas donné de vous corrompre
» sans choquer votre siècle lui-même... Vous formez
» dans l'État un ordre à part qui ne doit connaître les
» vices que pour les décrier par ses exemples. »
Aussi la magistrature a-t-elle eu de bonne heure contre
ceux de ses membres, amovibles ou non, qui ne se
conduisent pas « en tout comme un digne et loyal
» magistrat », selon la formule de leur serment, ses
juges et sa pénalité.

Dans l'exposé des motifs de la loi du 25 ventôse an
XI contenant organisation du notariat, le conseiller
Réal affirmait des principes susceptibles d'être généra-
lisés et qui reçoivent en matière de discipline une
universelle application : « La loi qui ne réprime que
» les délits ne suffit pas à cette institution. Il faut un
» code pénal plus sévère, un tribunal plus austère que
» pour le commun des hommes. Dans le commerce
» ordinaire de la vie, l'homme qui manque aux lois de
» la délicatesse, celui même qui ne fait pas tout ce que
» la probité commande est presque toujours hors des
» atteintes de la loi : aucun tribunal ne peut lui infliger
» des peines ; mais lorsqu'il s'agit d'un notaire, un

____

(1) Guyot : *Répertoire de Jurisprudence*, Vo Ministère public. Tome
XI, p. 543.

» manque de délicatesse est déjà un délit répréhen-
» sible, et le défaut de probité est un crime qui doit
» être sévèrement puni.... Il faut que le notaire que
» la loi ne pourrait atteindre et que les tribunaux ne
» pourraient intimider voie sans cesse dans ses confrères
» des juges aussi éclairés, aussi infaillibles que sa
» conscience, aussi inévitables que ses remords (1). »
Une des attributions précisément des chambres de
notaires décrétées par l'art. 50 de cette loi et établies
dans le ressort de chaque tribunal civil par l'arrêté du
2 nivôse an XII, est de juger et punir disciplinairement
les infractions professionnelles que commettraient les
notaires, honoraires ou en exercice, de l'arrondisse-
ment.

Les juridictions de famille se retrouvent aussi chez
les avocats (2), avoués, greffiers, agents de change,
syndics, commissaires-priseurs et courtiers. Il en est
de même des huissiers, et l'article 71 notamment du
décret du 14 juin 1813 les rend passibles de peines
disciplinaires à raison non seulement des faits qui se
rattachent à l'exercice de leur profession, mais encore
de ceux concernant leur vie privée qui sont de nature
à porter atteinte à la considération dont ils doivent

(1) Rapporté dans Dalloz, *Rép*. Tome 32, p. 581, nᵒ 17.

(2) « Ce qui serait souvent innocent pour d'autres hommes, les avocats
le condamnent sans hésitation dans la personne de leurs confrères
comme incompatible avec les règles de leur état (Dupin). »

être entourés tant dans l'intérêt de la Société que de la communauté à laquelle ils appartiennent (1).

Un certain nombre d'institutions ont reçu, en outre, une organisation disciplinaire. L'Armée a ses Conseils de guerre et ses commissions d'enquête ; l'Eglise a ses officialités ; l'Université, ses tribunaux particuliers à l'égard des maîtres et des étudiants.

Enfin la Légion d'honneur possède un Conseil de l'Ordre, gardien vigilant de son honneur à l'encontre de légionnaires coupables, et dont la compétence s'étend à quelques autres personnes que nous aurons à déterminer.

SECTION II. — PRINCIPES GÉNÉRAUX.

Innocent au point de vue des lois pénale et civile, on peut être fautif sous le rapport de la discipline et repris par l'action disciplinaire. De son étendue même il résulte que cette action, le plus souvent d'une appréciation délicate, sera par là indépendante. Une naturelle application de cette règle, c'est que l'exercice de l'action pénale ne suspend pas nécessairement l'exercice de l'action disciplinaire. Par exemple, lorsqu'un officier ministériel est, pour le même fait, l'objet de poursuites criminelles et de poursuites disciplinaires, le tribunal, saisi de ces dernières, n'est pas tenu de *surseoir* à statuer jusqu'au moment où il connaîtra le

(1) Cass. 23 février 1887, S. 1887, 1. 224.

résultat du procès criminel. En effet, les règles d'appréciation sont absolument différentes. Et s'il peut y avoir, en certains cas, convenance à surseoir à l'action disciplinaire tant qu'il n'a pas été statué sur l'action pénale, ce n'est qu'autant que le jugement disciplinaire préjugerait d'une façon quelconque le sort de l'action pénale (1).

Malgré l'absolution ou l'acquittement, nonobstant un arrêt ou une ordonnance de non-lieu, la poursuite en discipline reste encore possible, alors que l'action publique et l'action civile sont épuisées après avoir suivi leurs cours et abouti à un jugement qui a acquis l'autorité de la chose jugée. Le principe de droit d'après lequel deux peines ne peuvent être prononcées successivement pour le même fait, ne constitue pas une fin de non-recevoir: la chose jugée au criminel ne lie pas le juge de discipline, parce que la faute qui met en mouvement notre action peut ne pas impliquer trouble social, intention frauduleuse ni préjudice privé. Il y a là un ordre de choses parfaitement distinct. Un fait, écarté sous le rapport de sa criminalité, peut très bien revivre sous le rapport de la moralité. C'est un point constant de jurisprudence que les jugements et arrêts intervenus sur l'action criminelle, soit qu'ils absolvent, soit qu'ils condamnent, ne font aucun

(1) Lyon, 7 nov. 1873. S. 1874. II, 88. — Pau, 4 janv. 1880. S. 1881. II, 80.

obstacle à l'exercice de l'action disciplinaire. En effet, pour qu'il y ait chose jugée, il faut une triple identité de personne, de cause et d'objet entre la nouvelle poursuite et celle qui a donné lieu au jugement. Sans doute, nous avons bien le premier élément d'identité relative à la personne ; mais nous ne retrouvons pas l'identité de cause, puisque la cause est ici la violation de devoirs professionnels ou spéciaux, non l'infraction aux règles applicables à tous ; et nous n'avons pas davantage l'identité d'objet, car le fait est envisagé comme manquement à l'honneur ou aux devoirs de la profession, et non en tant qu'infraction pénale.

En vertu de ces principes, celui qui est *acquitté* d'une prévention de crime ou de délit n'en reste pas moins justiciable de la juridiction disciplinaire : attendu, dit un arrêt de la Cour de Limoges (1), que l'action criminelle et l'action disciplinaire, l'une ayant pour objet la répression des crimes et délits, l'autre étant instituée pour la conservation des sentiments d'honneur et de délicatesse dans une classe d'officiers publics, sont régies par des principes différents et s'exercent indépendamment l'une de l'autre ; que, suivant l'économie de la loi concernant la position des questions soumises au Jury, sa déclaration, en écartant la criminalité du fait, n'exclut pas son existence matérielle, et que si, aux termes de l'art. 360 du Code d'Instruction

(1) 21 juin 1838. S. 39, 2, 143.

criminelle, l'acquittement de l'accusé éteint à jamais l'action criminelle sur le fait qui servait de fondement à l'accusation, cet acquittement ne met point obstacle à l'action du pouvoir disciplinaire, à qui il appartient encore de s'emparer du fait et de l'apprécier, non plus sous le rapport de la criminalité, mais par rapport à l'atteinte qu'il peut porter aux principes de morale et d'honneur, sur l'observation desquels repose la considération des fonctionnaires publics. Nous admettons ainsi que, lorsque l'acquittement est motivé de manière à écarter seulement la criminalité en laissant subsister le fait matériel, le pouvoir disciplinaire conserve son droit d'appréciation et de répression; tandis que, sur la question de savoir si le fait imputé existe et quel en est l'auteur, nous reconnaîtrons que le jugement pénal doit avoir autorité à l'égard de l'action disciplinaire, le juge de discipline ne pouvant se poser en contradicteur du juge pénal.

Une opinion assez accréditée a soutenu que, dans l'hypothèse d'un acquittement prononcé sur la déclaration du jury que l'accusé n'est pas coupable, il n'est point permis de rechercher si l'acquittement est fondé sur ce que le fait n'a pas été commis par l'accusé, ou seulement sur ce qu'il l'a été sans intention coupable ; et que, dès lors, l'incertitude sur ce point doit tourner au profit de l'accusé et le protéger, par l'exception de chose jugée, contre l'action disciplinaire (1). A tout

(1) Dalloz, *Rép.* V° chose jugée, n° 526, p. 445. — Cass. 24 juil. 1822,

bien peser cependant, l'acquittement en matière criminelle n'empêche pas que l'accusé soit poursuivi disciplinairement pour le même fait : en effet, la déclaration
du jury ne porte que sur la culpabilité du fait considéré
sous le point de vue de l'application de la loi criminelle, et cette déclaration n'exclut pas l'existence matérielle du fait qui a donné lieu à la poursuite et des
autres circonstances qui s'y rattachent. La disposition
de l'article 360 C. instr. crim., aux termes de laquelle
toute personne acquittée légalement ne pourra plus
être reprise ni accusée à raison du même fait, ne concerne que la poursuite criminelle et ne saurait empêcher
l'exercice de l'action disciplinaire qui dérive d'une
tout autre cause et qui est régie par des principes
différents (1). Nous savons également que le tribunal
civil conserve un plein pouvoir pour décider si, dans
telle espèce, il a été commis ou non un délit civil ou
un quasi-délit, s'il y a faute suffisante, malgré l'absence
d'intention criminelle, pour engendrer une responsabilité civile.

De même, l'acquittement prononcé par un conseil de
guerre en faveur d'un maréchal des logis ne paralyse
pas la cassation de son grade par voie disciplinaire.
C'est pour cette mesure basée sur les faits mêmes
d'indélicatesse ayant motivé la poursuite que s'est pro-

Bull. civ. n° 67, cité par Le Sellyer : *Traité de l'exercice et de l'extinction
des actions publique et privée,* 2ᵉ éd., II, n° 677, p. 373.

(1) Cass. 29 déc. 1836. D. *Rép., loc. cit.,* n° 527, p. 446, note 2.

noncé le Ministre de la Marine dans la circulaire suivante du 6 janvier 1873 : « Si l'on se reporte à l'état de la jurisprudence, on voit qu'assurément la maxime *non bis in idem* a toute la force d'une règle de droit et qu'elle s'applique aussi bien aux décisions des tribunaux militaires qu'aux jugements des juridictions ordinaires. C'est ce qui résulte, au surplus, des articles 137 et 167 des Codes militaire et maritime qui ont reproduit le sens et la portée de l'art. 360 du Code d'Instr. crim.... Il demeure donc constant qu'un marin ou un militaire acquitté d'une prévention de crime ou de délit peut être légalement soumis à l'action du pouvoir disciplinaire investi du droit de rechercher si les faits qui lui sont reprochés, dégagés de la qualification légale de laquelle ils ont été purgés, laissent à sa charge des agissements susceptibles d'attirer sur lui la rigueur de ses chefs. Spécialement, en ce qui touche le maréchal des logis N., qui ne saurait plus être mis en cause à raison du vol dont il a été déclaré non coupable, il vous appartient de retenir de l'instruction dirigée contre ce sous-officier les faits qui vous paraîtraient de nature à entacher son honorabilité et à motiver la mesure disciplinaire édictée par l'art. 352 de l'Ordonnance du 2 novembre 1833. »

C'est ainsi également que, par application de la même règle, l'ordonnance de non-lieu rendue sur une poursuite criminelle contre un notaire inculpé de faux n'élève en sa faveur aucune fin de non recevoir à l'égard d'une poursuite à intenter contre lui pour manquement aux devoirs de sa profession. En effet, bien que procédant des mêmes faits que la précédente, cette nouvelle poursuite en est pourtant tout à fait distincte par sa nature, par sa cause et par son résultat. Dès lors, en prononçant par voie de discipline la destitution du notaire, l'arrêt attaqué n'a violé ni la maxime *non bis in idem*, ni l'autorité de la prétendue chose jugée (1).

Toutefois, pour que l'action disciplinaire n'ait pas à tenir compte de la décision rendue par les tribunaux de droit commun, il faut qu'elle reste dans sa sphère sans empiéter sur le terrain pénal : les juges de discipline sont sans qualité pour connaître de l'infraction au point de vue pénal et, sur ce point, la sentence rendue par le tribunal ordinaire de répression est souveraine : elle ne peut être contredite. La juridiction disciplinaire ne pourrait contredire une déclaration positive du jugement de répression, affirmer ce qu'il nie ou nier ce qu'il affirme, rejeter les déclarations relatives à l'existence du fait qui a été expressément constaté, par exemple en déclarant exacte une allégation que ce jugement a reconnu être fausse ou en niant un fait vérifié. Hormis ces réserves, la poursuite pénale ne préjuge en rien l'exercice de l'action en discipline, complètement autonome, et toutes deux peuvent être

(1) Cass. 2 août 1848, S. 48. 1. 629.

cumulées quand les actes commis ont fait encourir l'une et l'autre (1).

Un autre caractère spécial de l'action disciplinaire, c'est d'être imprescriptible. Peu importe l'ancienneté de la faute ; elle ne s'éteint pas même par la prescription de 30 ans. L'inculpé ne saurait invoquer les règles de la prescription, justifiées en matière criminelle par les incertitudes de l'administration de la preuve et l'absence d'exemplarité, c'est-à-dire par la difficulté de recueillir dans un temps éloigné les preuves nécessaires pour l'accusation et la défense, et aussi par le désir d'assurer le repos des citoyens en désarmant la justice sur des faits presque effacés et qui ont pu être expiés depuis par une meilleure conduite. C'est donc à tort que la cour de Bourges a considéré que ces motifs, qui écartent jusqu'à la peine capitale, s'appliquent bien plus éminemment aux peines de discipline, puisque autrement ces dernières seraient moins protégées que celles dues aux plus grands crimes (2). Cette doctrine se trouve unanimement repoussée par les auteurs et la jurisprudence. Nous ne pensons pas non plus que le temps qui accorde l'impunité aux criminels doive *a fortiori* avoir le même effet par rapport à des coupables peu dangereux et dignes, semble-t-il, d'indulgence ; nous croyons que l'action disciplinaire, à la différence

(1) Griolet : *De l'autorité de la chose jugée* (1868), p. 216 ; Morin, *op. cit.* II. nᵒˢ 675 et 682.

(2) 20 avril 1825, S. 26, 2. 63.

de l'action publique et de l'action civile, est en dehors
du temps, et que la prescription, qui peut protéger
contre les autres actions, ne suffit pas contre elle.
L'arrêt de la cour de Limoges du 21 juin 1838, déjà
cité partiellement, explique cette distinction très
juridique : Attendu, dit-il, en ce qui touche l'exception
de prescription à l'égard des faits qui remontent à plus
de dix ans, que la prescription décennale établie
par l'art. 637 du Code d'Instr. crim. n'est relative
qu'à l'action publique et criminelle, et n'est nullement applicable à l'action disciplinaire qui, ayant
pour objet de veiller à ce que le dépôt des fonctions
publiques ne soit confié qu'à des mains pures, doit
pouvoir s'exercer, par le but même de son institution,
sur tous les actes des officiers publics, sans que ceux-
ci puissent se mettre à l'abri sous la protection du
temps qui ne relève jamais des forfaitures à l'honneur....

Il s'agissait, en l'espèce, d'un notaire destitué, qui
se pourvut ensuite en Cassation, en se fondant notamment sur la violation du principe général de la prescription. Voici comment le rapporteur, M. Troplong,
y répondit devant la Cour suprême : « En acceptant
comme intact le moyen de prescription, que signale-t-
on ? La violation des dispositions de l'art. 637 du Code
d'Instruction criminelle. Pour cela, on fait une assimilation complète de l'action publique et de l'action
disciplinaire ; on ne voit dans celle-ci qu'une branche
de celle-là ; on leur prête le caractère commun de

Durieux. 2

peine, de moyen de répression également confiés aux soins et à l'initiative du ministère public. — Mais cette assimilation, où est-elle écrite ? Sur quelles bases repose-t-elle? L'action publique s'attache à des faits précis, déterminés, définis par la loi, élevés par elle au rang de crimes ou de délits. On conçoit alors facilement une limite apposée à sa durée ; on conçoit que ce silence de longues années efface une violation qui a passé inaperçue. L'action disciplinaire, au contraire, se place en dehors de la loi. Les faits que celle-ci n'a pu prévoir ni punir, elle les atteint. Là où les tribunaux seraient impuissants, elle cite au tribunal de la conscience. Elle est une sorte de censure intérieure et domestique, *castigatio domestica ;* elle veille sur les traditions de délicatesse et d'honneur qui doivent être l'âme de certaines professions. Il n'y a pas de violation d'un texte écrit à poursuivre avec son aide ; d'ailleurs il ne peut pas se faire qu'après un temps plus ou moins long écoulé, certains manquements cessent d'être une atteinte aux règles de la probité et de l'honneur.

« On s'est effrayé de la latitude d'un tel pouvoir, de cette investigation étendue jusqu'aux années les plus reculées de la vie d'un officier public. Mais il faut se rappeler que la loi a voulu qu'il y eût, en effet, ici quelque chose de discrétionnaire ; que l'art. 53 de la loi du 25 ventôse an XI a toujours été entendu et appliqué en ce sens, et que ce tempérament existe dans les lumières et la sagesse des magistrats appelés, en définitive, à prononcer. D'ailleurs, de quoi peuvent se plaindre les officiers publics ? Ne tiennent-ils pas de la loi un privilège exorbitant ? Ne forment-ils pas une classe privilégiée ? Et dès lors peuvent-ils trouver mauvais que cette même loi exige que leurs pairs exercent sur eux un pouvoir exceptionnel et d'autant plus rigoureux que leur position est plus en dehors du droit commun ? La question, comme l'a observé le demandeur en Cassation, ne se présente pas pour la première fois. Un premier arrêt de la Chambre des requêtes du 30 décembre 1824 l'a posée et résolue, en s'appuyant sur les différences essentielles de nature, d'intention et de but, qui séparent l'action publique et l'action disciplinaire (1) ».

Cette théorie fut à nouveau admise par la Cour de Cassation qui confirma, le 23 avril 1839, l'arrêt de la Cour de Limoges, et elle se trouve aujourd'hui définitivement consacrée.

Indépendante de l'action publique et de l'action civile dans sa durée et dans son exercice, l'action disciplinaire ne peut être entravée ni restreinte par des règles qui lui sont étrangères, et par suite elle n'est pas subordonnée aux modes de preuve de ces deux actions. La preuve testimoniale y est librement admise et n'est pas limitée par les dispositions excep-

____

(1) S. 1839, 2, 472.

tionnelles de l'article 1341 du Code civil : le fait répréhensible peut être très bien prouvé par des dépositions de témoins et par tout autre moyen de conviction étranger au mode de preuve exigé en matière civile (1). Comme l'a jugé la Cour de Cassation, l'action disciplinaire dirigée contre un officier ministériel poursuivi pour faits d'indélicatesse se rattachant à un abus de mandat ou à une violation de dépôt n'est pas soumise à une preuve écrite du mandat ou du dépôt. La question, a dit dans ses conclusions le procureur général Dupin, n'est pas de savoir si l'officier ministériel s'est rendu coupable d'un fait criminel ou délictueux dont la preuve puisse être rapportée contre lui, mais bien s'il a fait, dans la circonstance donnée, tout ce qu'il devait à l'honorabilité de ses fonctions. Dans une appréciation de cette nature, il y a nécessairement quelque chose de discrétionnaire et d'illimité, comme dans l'appréciation du point d'honneur militaire, par exemple, ou de ce que, dans le monde, on nomme la pudeur. D'ailleurs les motifs qui ont fait établir des règles identiques pour la preuve au civil et au criminel ne se retrouvent point en matière disciplinaire. Il n'y a pas à craindre que l'action civile ne puisse, soit à l'abri de l'action publique, soit à l'aide de la chose jugée au profit de celle-ci, éluder

____

(1) C. de Nancy : 23 août 1884. *Revue du Not. et de l'Enregistr.*, année 1884, n° 6993.

les garanties que le législateur a entendu créer, en matière civile, contre les dangers de la preuve testimoniale ; l'action civile ne peut, en effet, se prévaloir ni des immunités de l'action disciplinaire ni des décisions ou mesures prononcées par le juge de la discipline (1).

Nous venons de voir qu'il est permis à la juridiction disciplinaire de baser sa décision sur des preuves qui pour des juridictions civiles ou pénales n'eussent pas été légalement admissibles. L'indépendance de notre action se manifeste à un autre point de vue. On sait qu'en cas de conviction de plusieurs crimes ou délits, la peine la plus forte est seule prononcée (art. 365, 2° C. Instr. crim.), et que cette disposition n'est point appliquée aux contraventions. Nous ne l'appliquerons pas davantage en matière disciplinaire et prohiberons également ici le non cumul des peines : le même fait pouvant constituer à la fois une faute de discipline, un délit ou un crime, sera puni par la juridiction disciplinaire et par le tribunal de droit commun. A vrai dire, il ne saurait y avoir cumul, car les deux peines ne sont prononcées ni dans le même but ni pour la même infraction.

Un caractère qui accuse encore la parfaite indépen-

(1) Bonnier et Larnaude : *Traité des Preuves* (1888) n° 238, p. 217. — Cass. arrêt précité du 5 juillet 1858.

dance de notre action, c'est son exterritorialité. L'action disciplinaire, en effet, suit au-delà des limites du territoire celui qui y est soumis. Le principe est constant et la jurisprudence invariable. Citons particulièrement en ce sens une décision du Conseil impérial de l'Instruction publique, en date du 26 décembre 1865 (1), statuant sur appel d'une décision du Conseil académique de Paris dans l'affaire relative aux étudiants en médecine et en droit qui avaient pris part au Congrès de Liège ; en maintenant cette décision, le Conseil d'État a reconnu qu'il est de l'essence de l'action disciplinaire de suivre ceux qui y sont assujettis partout où les fautes qu'elle a pour but de réprimer ont pu être commises (2). Peu importe qu'elles se soient produites à l'étranger et qu'elles y aient été jugées ; on n'examine pas le lieu, on écarte le dogme de la territorialité. Le pouvoir disciplinaire, répétons-nous, a sa sphère propre : le manquement aux règles professionnelles, l'atteinte portée à la dignité du corps constitue le seul élément à considérer. Bien que ces faits ne puissent être l'objet d'aucune poursuite devant les tribunaux, ils sont disciplinairement répréhensibles. Pour la Légion d'honneur spécialement (3), en ce qui concerne les actes qui portent atteinte à l'honneur et ne

(1) *Moniteur univ.* du 28.

(2) Cons. d'Etat, 14 août 1866, *Rec. Lebon*, p. 988.

(3) A. Le Poittevin : Des crimes ou délits commis par des Français à l'Étranger. (*Journal du Droit internat. privé*, 1894, p. 209).

peuvent être l'objet d'aucune poursuite devant les tribunaux ou les conseils de guerre, les ambassadeurs, les ministres plénipotentiaires et consuls doivent rendre compte au Grand Chancelier des faits de cette nature qui auraient été commis en pays étranger par des légionnaires français ou étrangers. (Décr. 14 avril 1874, art. 3).

Voici une conséquence nouvelle du caractère particulier qu'offre l'action disciplinaire : elle concerne le principe admis par toutes les législations que la loi ne peut être obligatoire que du jour où la promulgation en peut être connue, que du jour où la loi ayant été régulièrement publiée devient applicable. Ce principe de la non-rétroactivité des lois, formulé pour la première fois en France par la Déclaration des Droits de l'homme (art. 8), est consacré par l'article 2 du Code civil et l'article 4 du Code pénal. La loi avertit avant de frapper, elle ne dispose que pour l'avenir, elle n'a pas d'effet rétroactif : nul acte n'est punissable qu'en vertu d'une loi préexistante, et réciproquement aucune loi ne s'appliquera aux faits antérieurs à sa promulgation. Par suite, si la loi crée un délit nouveau, le juge doit appliquer la peine édictée par la loi en vigueur au moment du fait dont il s'agit. D'autre part, de ce que la loi nouvelle, plus sévère que l'ancienne, n'a pas d'effet rétroactif, il ne s'ensuit pas qu'elle ne puisse jamais s'appliquer à un fait commencé antérieurement à la promulgation, s'il se continue postérieurement à elle ; elle pourra l'atteindre, et ce n'est pas là une exception au principe de non-rétroactivité, car sans doute ce fait est innocent dans la loi passée, mais il est puni s'il se maintient après. On voit ainsi apparaître la distinction entre les délits instantanés et les délits continus. Il convient d'observer cependant de notables dérogations au principe de non-rétroactivité en matière de compétence des juridictions pénales, de procédure et lorsque la loi nouvelle propose une peine plus douce. Telle est la règle en matière pénale ordinaire et les exceptions qui y sont apportées. L'appliquerons-nous quand il s'agit de fautes disciplinaires ? Un arrêt célèbre du 9 novembre 1852, rendu par la Cour de Cassation, chambres réunies, répond à la question par la négative. Les motifs de cet arrêt se trouvent ici trop à leur place pour n'être pas cités :

« Attendu que l'action en discipline, pouvant s'exercer pour des faits qui ne sont ni qualifiés ni prévus par les lois pénales, diffère essentiellement de l'action publique et ne peut être restreinte par des règles qui lui sont étrangères ; que les mesures qui en sont la suite ne sont pas de véritables peines, mais des moyens institués pour maintenir par des raisons d'ordre et d'intérêt public l'autorité morale et le respect du corps auquel appartient le fonctionnaire poursuivi disciplinairement ; qu'elles s'attachent moins aux faits eux-mêmes qu'aux conséquences de ces faits sur la considération du fonctionnaire et sur la dignité du

corps dont il est membre, c'est-à-dire à cet effet moral
qui, à la différence du fait dont il découle, a un caractère successif et permanent ; que ces motifs d'ordre
élevé ne permettant pas d'appliquer en ces matières
les règles de la prescription, ne permettent pas davantage de leur appliquer le principe formulé par l'art. 2
du C. civ. et reproduit en l'art. 4 du C. pénal ; qu'il
est, en effet, dans l'esprit comme dans la nature des
lois ou règlements de discipline de saisir, au moment
même de leur émission, le fonctionnaire soumis à leur
action, et d'avoir leur effet du jour de leur promulgation ; qu'ils n'ont en cela aucun caractère de rétroac-
tivité, parce que la position du fonctionnaire et les
conditions de capacité, de moralité et de dignité nécessaires à l'accomplissement de sa mission étant
subordonnées à l'intérêt général, il est au pouvoir du
législateur d'y apporter des changements ou des modifications selon les besoins de la Société ; que le principe de la non-rétroactivité ne saurait donc s'opposer
à ce que des mesures de discipline nouvellement instituées soient appliquées à des faits anciens dont le
pouvoir disciplinaire n'avait point connu aupara-
vant... » (1)

Nous estimons toutefois qu'il faudrait maintenir la
non-rétroactivité si la loi nouvelle prohibait des faits
qui étaient jugés licites sous l'empire de l'ancienne

(1) S., 1858, I, 610 note.

loi, ou même si elle édictait une peine inconnue dans les lois antérieures ou plus grave que celle qui était portée par ces mêmes lois.

Une dernière différence que nous relèverons enfin, c'est que l'extinction de l'action publique par l'amnistie ne paralyse pas l'exercice de l'action disciplinaire à raison du fait amnistié. L'auteur d'une infraction disciplinaire constituant en même temps un crime ou un délit ne devrait obtenir en aucun cas, affirme catégoriquement M. Morin (1), la remise de la peine disciplinaire encourue ou prononcée par cela seul qu'il y aurait amnistie ou grâce pour le crime ou délit qualifié ; car il faut toujours conserver la distinction essentielle qui existe entre la discipline d'un corps et les règles ordinaires, entre les devoirs professionnels et les devoirs sociaux, entre les infractions disciplinaires et les délits, enfin entre les peines ou mesures qu'exige la discipline et les moyens que réclame la législation pénale. En définitive, l'amnistie qui efface tout ce qu'à elle seule a produit la condamnation pénale, laisse subsister les autres conséquences juridiques qu'a pu produire le fait considéré à un autre point de vue. C'est ce qui est universellement admis quant à l'action en dommages-intérêts à laquelle ce fait a pu donner naissance, et il faut en dire autant des pénalités disciplinaires prononcées dans une instance admi-

(1) *Op. cit.* II, n. 840.

nistrative complètement indépendante du procès pénal (1).

Nous sommes ainsi amené à reconnaître le caractère *sui generis* de l'action disciplinaire.

(1) Paris, 25 août 1881. S. 1882. 2. 73, note Esmein.

CHAPITRE I.

EXPOSÉ HISTORIQUE ET PRÉLIMINAIRE

Avant d'aborder l'action disciplinaire de la Légion d'honneur dans le présent, il convient de l'étudier dans son passé et de parcourir la préparation graduée de l'organisation actuelle.

SECTION I

ORIGINES ET ÉVOLUTION DE L'ACTION DISCIPLINAIRE DE LA LÉGION D'HONNEUR

La Légion d'honneur est une conception de Bonaparte. Son acte de naissance fut la loi du 29 floréal an x (19 mai 1802). Elle remplaçait les armes d'honneur, fusils, sabres, mousquetons, baguettes, trompettes et clairons, grenades, haches de sapeur et d'abordage, instituées par l'article 87 de la Constitution de l'an VIII en faveur des officiers et soldats qui avaient rendu des services éclatants en combattant pour la République ; mais, à la différence de celles-ci, elle paye aux services civils, comme aux services militaires « le prix du courage qu'ils ont tous mérité ». Elle réalisait le dessein de fonder un Ordre qui serait un signe de la vertu, de l'honneur, de l'héroïsme ; une distinction qui servirait à la fois à la bravoure militaire et au mérite civil.

Cette innovation, hâtivement faite, ne laissa pas d'être discutée et de rencontrer même à cette époque une assez vive résistance : « Nulle institution, rapporte Thibaudeau, n'éprouva une opposition plus imposante ». Au Conseil d'Etat, où le projet fut d'abord présenté par Rœderer qui l'avait élaboré sous l'inspiration même du Premier Consul, quatre séances lui furent consacrées. Bonaparte, qui en présida trois (1), développa les motifs après la lecture. Le général Mathieu Dumas ayant proposé de faire de la Légion un ordre purement militaire, il lui répliqua que la distinction entre les honneurs militaires et civils établirait deux ordres tandis qu'il n'y a qu'une nation : « Je ne veux pas, disait-il, fonder un gouvernement de prétoriens ; je ne veux pas récompenser uniquement les militaires. J'entends que tous les mérites soient frères, que le courage du Président de la Convention résistant à la populace soit rangé à côté du courage de Kléber montant à l'assaut de Saint-Jean-d'Acre. »

Puis, à la deuxième séance, les adversaires du projet prétendirent qu'il était contraire à l'égalité. Ainsi parla Berlier que réfuta Bonaparte, et, avec ce dernier,

____

(1) 14, 18 et 24 floréal an x (4, 8 et 14 mai 1802).

Cambacérès puis Portalis qui développa les principes de J.-J. Rousseau sur l'influence et la nécessité des signes. Le 24 floréal, à propos de l'envoi au Corps législatif, Thibaudeau proposa l'ajournement (1) : Portalis, Dumas et Rœderer combattirent cette motion et 14 suffrages contre 10 la repoussèrent. En conséquence, le projet portant établissement de la Légion d'honneur était communiqué d'urgence au Corps législatif, dont la session extraordinaire devait se clore quelques jours après. Le lendemain, Rœderer, chargé avec Marmont et Mathieu Dumas d'en soutenir la discussion, exposa à l'assemblée les considérations qui le motivaient ; la Légion d'honneur, auxiliaire des lois républicaines, tendait à affermir la Révolution et revêtait un triple caractère :

« C'est une institution *morale* qui ajoute de la force » et de l'activité à ce ressort de l'honneur qui meut si » puissamment la nation française.

» C'est une institution *politique* qui place dans la » Société des intermédiaires par lesquels les actes du » pouvoir sont traduits à l'opinion avec fidélité et bien-» veillance, et par lesquels l'opinion peut remonter » jusqu'au pouvoir.

» C'est une institution *militaire* qui attirera dans nos » armées cette portion de la jeunesse française qu'il » faudrait peut-être disputer, sans elle, à la mollesse,

(1) **A. C. Thibaudeau** : *Mémoires sur le Consulat* (Paris, 1827), p. 86.

» compagne de la grande aisance. Enfin c'est la création
» d'une nouvelle monnaie, d'une bien autre valeur que
» celle qui sort du Trésor public ; d'une monnaie dont
» le titre est inaltérable et dont la mine ne peut être
» épuisée, puisqu'elle réside dans l'honneur français ;
» d'une monnaie enfin qui peut seule être la récom-
» pense des actions regardées comme supérieures à
» toutes les récompenses (1). »

Le projet ainsi déposé ne vint en délibération qu'à
la séance du 29. Le 28, devant le *Tribunat*, Lucien
Bonaparte, rapporteur de la Commission de l'Intérieur,
avait conclu à l'adoption ; mais Savoye-Rollin et Chau-
velin attaquèrent l'institution comme un corps privilé-
gié, contraire à l'égalité, alarmant pour la liberté
publique, diamétralement opposé à la lettre et à l'esprit
de la Constitution, incompatible avec un gouvernement
représentatif ; et, à cause de sa dotation en biens terri-
toriaux et du serment particulier auquel ses membres
seraient assujettis, ils lui reprochèrent de recéler
« tous les germes de l'inégalité des conditions » en
conduisant à l'aristocratie. Finalement le projet, appuyé
par Villot de Fréville, Carrion-Nisas et le rapporteur, fut
voté à la majorité de 56 boules blanches contre 38
noires (2).

Au sein du Corps législatif, les trois orateurs du

(1) *Moniteur*, 26 floréal, an X.
(2) *Moniteur* du 30.

Tribunat, Lucien Bonaparte, Fréville et Girardin prirent soin de réfuter par avance les objections qu'ils avaient déjà rencontrées. Ainsi qu'il l'avait observé dans l'autre assemblée, Lucien Bonaparte établissait que la Légion n'a ni droits ni pouvoirs judiciaires, *point de juridiction particulière* : « Les légionnaires, disait-il, ne sortent en rien de la classe des autres citoyens ; si la reconnaissance nationale les distingue, la justice impassible les voit d'un air indifférent. » Ensuite, après intervention de Rœderer et de Mathieu Dumas, le projet était adopté par 166 voix contre 110 sur 276 votants (1). L'ordre national de la Légion d'honneur était formé et la loi du 29 floréal, qui portait la date du jour même de sa votation, plaçait sous l'influence de l'honneur, pour citer le mot des orateurs qui l'avaient défendue, la récompense et l'émulation des Français.

Aux termes de cette loi, que complétèrent plusieurs arrêtés, celui notamment du 23 messidor an x (12 juillet 1802), la Légion d'honneur comprenait un Grand Conseil d'administration et quinze cohortes. Chaque cohorte devait compter sept grands officiers, vingt commandants, trente officiers et trois cent cinquante légionnaires nommés à vie. Il était affecté à chacune d'elles un chef-lieu particulier, des biens nationaux

---

(1) *Moniteur* du 1ᵉʳ prairial. — Dulaure : *Esquisses historiques des principaux évènemens de la Révolution française* (1825), tome V, p. 234.

Durieux. 3

portant deux cent mille francs de rente, un hospice et des logements (1).

Le Grand Conseil d'administration était composé de sept grands officiers, savoir : des trois consuls et de quatre autres membres dont un était nommé entre les sénateurs par le Sénat, un autre entre les membres du Corps législatif par le Corps législatif, un autre entre les membres du Tribunat par le Tribunat, et le dernier entre les Conseillers d'État par le Conseil d'État. Il faut noter toutefois que, pour cette première formation, on procéda par nomination directe au lieu de recourir à l'élection et que le Sénat fut le seul des Corps de l'État représenté au Grand Conseil. Les membres de ce conseil conservaient pendant leur vie le titre de grand officier, lors même qu'ils étaient remplacés par de nouvelles élections. Bientôt d'ailleurs le Sénatus-consulte organique du 28 frimaire an XII (20 décembre 1803) portait en son article 37 que les membres du Grand Conseil de la Légion d'honneur seraient nommés par le Premier Consul sur la présentation de trois candidats choisis par les Corps auxquels auront appartenu les membres dont les places se trouveraient vacantes et pris dans leur sein. Le Conseil nommait ou plutôt devait nommer les légionnaires à vie ; il avait encore dans ses attributions, avec l'apure-

---

(1) L. Soulajon : *Les Cohortes de la Légion d'Honneur* (1802-1809). Législation, Monographies. Paris, 1890, in-8°, 298 p.

ment de la comptabilité des cohortes, la direction et la gestion des biens nationaux affectés à la Légion. Mais ce qu'il importe de constater, c'est que ce Grand Conseil, justement dit d'administration, n'a que des fonctions simplement administratives et qu'il n'a pas eu, au moins jusqu'alors, de rôle disciplinaire. Le Grand Chancelier, nommé par le Grand Conseil d'après l'arrêté des Consuls du 2 juillet 1802, n'a pas davantage ces attributions de discipline : il est dépositaire du sceau de l'Ordre, il tient le registre des délibérations, rédige les procès-verbaux, expédie la correspondance et dirige l'administration.

Ce rôle, dont on admit bientôt la nécessité, date seulement d'un arrêté sur la mise en jugement des membres de la Légion d'honneur du 24 ventôse an XII (15 mars 1804), soit presque deux ans après la création de l'ordre. La juridiction disciplinaire ne remonte donc pas à l'origine de l'institution, et, ainsi que nous l'avons observé, les travaux préparatoires n'y faisaient aucune allusion. Cet arrêté de discipline, premier en date, rendu le Conseil d'Etat entendu, pose les principes de la matière qui passeront dans les décrets subséquents et renvoie pour le surplus à la Constitution de l'an VIII. Il détermine, en ses deux premiers articles, les cas dans lesquels un légionnaire peut être exclu ou suspendu des droits et prérogatives attachés à la qualité de membre de la Légion : « La qualité de membre de la Légion d'honneur *se perdra* par les mêmes causes que celles qui font perdre la qualité de citoyen français, d'après l'article 4 de la Constitution (art. 1ᵉʳ). — L'exercice des droits et des prérogatives de membre de la Légion d'honneur *sera suspendu* par les mêmes causes que celles qui suspendent les droits de citoyen français, d'après l'article 5 de la Constitution (art. 2). » Ainsi la naturalisation en pays étranger, l'acceptation de fonctions ou de pensions offertes par un gouvernement étranger, l'affiliation à toute corporation étrangère qui supposerait des distinctions de naissance, la condamnation à des peines afflictives ou infamantes entraînaient la perte de la qualité de membre de la Légion d'honneur ; d'autre part, l'état de débiteur failli ou d'héritier immédiat détenteur à titre gratuit de la succession totale ou partielle d'un failli, l'état d'interdiction judiciaire, d'accusation ou de contumace impliquaient la suspension de l'exercice des droits et des prérogatives de membre de la Légion d'honneur.

L'arrêté du 24 ventôse an XII dispose, en outre, que le grand-juge, le ministre de la guerre et celui de la marine transmettront au grand chancelier des copies de tous les jugements en matière criminelle, correctionnelle et de police relatifs à des légionnaires. Toutes les fois qu'il y aura un recours en cassation contre l'un de ces jugements, le commissaire du gouvernement auprès du tribunal de cassation en rendra compte sans délai au grand-juge, qui en donnera avis au grand chancelier de la Légion d'honneur. En

cas de condamnation à une peine infamante, la peine
ne peut être exécutée sans que le légionnaire ait été
dégradé ; pour cette dégradation, le président du
tribunal, sur le réquisitoire du commissaire du gouvernement, ou le président du Conseil de guerre, sur le
réquisitoire du rapporteur, prononcera immédiatement
après la lecture du jugement la formule suivante : *Vous
avez manqué à l'honneur ; je déclare, au nom de la
Légion, que vous avez cessé d'en être membre.* De plus,
les ministres de la Guerre et de la Marine transmettront
au grand chancelier des copies du compte particulier
de toutes les peines de discipline infligées aux légionnaires militaires ou marins, qui leur aura été rendu
par les chefs militaires de terre et de mer et les
commandants des corps et des bâtiments de l'Etat. La
cassation d'un légionnaire sous-officier en activité et
le renvoi d'un soldat ou d'un marin légionnaire ne
pourront avoir lieu que d'après l'autorisation des
mêmes ministres, et ceux-ci ne la donneront qu'après
en avoir informé le grand chancelier qui prendra les
ordres du chef de la Légion.

L'article 9 investit le *Grand Conseil* du pouvoir disciplinaire, du soin de suspendre, en tout ou en partie,
l'exercice des droits et prérogatives attachés à la
qualité de membres de la Légion d'honneur, et même
d'exclure de la Légion lorsque la nature du délit et la
gravité de la peine prononcée correctionnellement
paraîtront rendre cette mesure nécessaire. Enfin le

chef de chaque cohorte, chargé de transmettre aux légionnaires les avis que le conseil d'administration de la cohorte jugeait convenable de donner sur leur conduite, doit en instruire le grand chancelier qui, à son tour, en rend compte au Grand Conseil.

Quelques jours après, un arrêté du Grand Conseil de la Légion d'honneur du 4 germinal an XII (25 mars 1804), porte établissement d'un *Comité de consultation*, chargé de l'assister et de donner son avis sur tous les objets contentieux ou administratifs qui lui seraient communiqués par le grand chancelier, en particulier (art 5, 1°) sur l'arrêté du Gouvernement du 20 ventôse an XII, concernant la discipline des légionnaires. Ce Comité, qui comptait onze membres, notamment Bigot-Préameneu et Tronchet, a été l'origine du Conseil de l'Ordre.

Bien que la majeure partie des archives de la Grande Chancellerie ait été la proie des flammes en 1871, il semble certain que cette organisation disciplinaire de l'Ordre ne demeura pas lettre morte; mais, sans doute, la réglementation ne fut pas jugée suffisante. Dans le plan d'organisation définitive, en effet, on ne se borne point à dégrader et à déclarer incapables d'exercer des fonctions publiques les membres de la Légion d'honneur condamnés à une peine afflictive ou infamante par jugement d'un tribunal; il est aussi question (notons-le) de quelques autres faits répréhensibles :
« Tous les légionnaires à plaque, rencontrés dans les

rues ou autres lieux publics dans un *état de crapule ou d'ivresse* seront privés de la décoration, mais non du traitement qui y est affecté. Les légionnaires à ruban, officiers, commandants et grands officiers rencontrés dans les rues dans l'état détaillé ci-dessus seront privés de la décoration et du traitement. Ils pourront néanmoins être admis dans la Légion pour quelque action d'éclat ou service postérieurement rendu. Tout légionnaire, officier, commandant ou grand officier, convaincu d'avoir *mis la décoration en gage,* en sera dépouillé. » (1) On projette encore d'établir dans chaque chef-lieu de cohorte un *Conseil de discipline* pour recevoir et examiner les plaintes portées contre les membres de la Légion d'honneur. Ce Conseil prononcera seulement, d'après les règlements, sur celles qui auront pour objet les légionnaires, et renverra avec son avis celles concernant les grades supérieurs au Conseil de discipline à Paris, qui statuera sur les plaintes déposées contre les officiers et, à son tour, transmettra au grand chancelier, avec avis, celles qui pourraient regarder les commandants et les grands officiers. — Il convient d'observer d'ailleurs que le Grand Conseil et les cohortes furent supprimés par l'ordonnance du 19 juillet 1814. (Art. 14).

L'ordonnance du 26 mars 1816, qui ne faisait que

---

(1) *Observations sur les distinctions honorifiques, Plan d'organisation définitive.* Br. in-8, 8 p., s. l. n. d.

codifier en quelque sorte les textes concernant l'organisation, la composition et l'administration de la Légion
d'honneur, conserva presque textuellement (Titre VII),
les dispositions disciplinaires du décret de ventôse : elle
mettait seulement les modifications apportées en har-
monie avec la Charte de 1814, qui avait substitué la
suprématie royale à l'existence propre de l'Ordre, et
attribuait au roi le droit de suspendre en tout ou en
partie l'exercice des droits et prérogatives attachés à
à la qualité de légionnaire, même d'exclure de la
Légion, lorsque la nature du délit et la gravité de la
peine prononcée correctionnellement paraissent rendre
cette mesure nécessaire (Art. 61). L'article 62 était
ainsi conçu : Un règlement particulier détermine les
peines à infliger pour les actions qui ne peuvent être
l'objet d'aucune poursuite de la part des tribunaux ou
des conseils de guerre et qui cependant attentent à
l'honneur d'un membre de la Légion.

Pour assurer l'exécution de l'article 62, le maréchal
Macdonald, duc de Tarente, grand chancelier de la
Légion d'honneur, prépara un règlement particulier
qui déterminait les peines à infliger quant aux actes
prévus par cet article ; et son projet, qui développait
aussi quelques dispositions du titre VII de l'Ordonnance
réglementaire de 1816, fut soumis à l'examen du Conseil
d'État. Mais le Comité de législation, ainsi consulté,
formula des objections, l'impossibilité notamment de
définir la faute contre l'honneur, et ne crut pas devoir

reconnaître au Gouvernement le droit d'établir une juridiction disciplinaire ayant un caractère pénal, armée d'un pouvoir d'appréciation sans limites sur des faits qui ne tombaient pas sous la répression des lois. Toutes les dispositions qui projetaient d'étendre l'action disciplinaire au-delà des limites fixées par l'article 61 de l'Ordonnance de 1816 furent repoussées ; l'article 9 du projet notamment fut sensiblement réduit. « Un tribunal, disait le rapporteur le 27 janvier 1817, ne peut condamner que dans les cas spécialement prévus par la loi ; celui proposé par le grand chancelier (un conseil de discipline composé de sept membres ayant pour mission de juger les actions qui, sans autoriser des poursuites de la part des tribunaux ou des conseils de guerre, peuvent cependant attenter à l'honneur d'un membre de l'Ordre) condamnerait des actions très justement réprouvées par les gens d'honneur, mais qu'aucune loi ne punit et dont l'opinion a seule le droit de faire justice. Le Comité est d'avis que ces actions ne peuvent être l'objet d'aucune procédure, d'aucun jugement, et par conséquent qu'elles ne peuvent donner lieu ni à l'exclusion ni même à la suspension momentanée des droits et prérogatives de l'Ordre ».

Les mêmes critiques se retrouvaient ailleurs sous une forme un peu différente : « Le Conseil, dont M. le Maréchal duc de Tarente sollicite la formation (p. 62 de son rapport au roi), donnerait son avis sur les questions relatives à la discipline des membres de l'Ordre.

Cette phrase est fort près de la signature de M. le Maréchal ; il est à présumer pourtant qu'elle n'a point été remarquée par son Excellence et que cette belle conception est le rêve de quelque employé, qui déjà peut-être porte en recettes, au fonds de gratifications, les arrêts futurs du Conseil de discipline. Je ne sais s'il serait utile à la gloire de la Grande Chancellerie que les membres de la Légion d'honneur fussent soumis à sa police privée (1)..... »

On voit quel accueil était fait à la proposition nouvelle. Il est à peine besoin d'observer cependant qu'elle était inspirée par des préoccupations autrement sérieuses, et l'on peut noter un assez piquant contraste possible à cette époque même. Dès longtemps les chambres de discipline pour les notaires, par exemple, avaient été reconnues. Pourquoi rejeter alors l'idée d'un Conseil disciplinaire de la Légion d'honneur ? Pourquoi tel fait qui méritait une peine à un notaire restait-il impuni s'il s'agissait d'un légionnaire ? L'officier ministériel pouvait être destitué à la suite de faute contre l'honneur, et la Grande Chancellerie, elle, était désarmée puisqu'il n'y avait pas de condamnation. Le résultat auquel on arrivait eût paru choquant. Il y avait donc une lacune.

Quoi qu'il en soit, la conception d'une « police pri-

(1) *La Légion d'honneur en 1819*, par un membre de l'Ordre, ancien auditeur au Conseil d'Etat. Paris, 1819.

vée » pour la Légion d'honneur n'était pas encore suffisamment mûrie et le projet, amendé par le Conseil
d'Etat, ne répondant plus à la pensée de son auteur,
fut définitivement abandonné. Aucun des deux projets
de règlements, celui de Macdonald et celui sous forme
d'avis adopté le 29 juin 1817 par le Comité de législation, ne fut d'ailleurs présenté à la sanction royale (1).

Une nouvelle ordonnance du 25 novembre 1818, modifiant l'article 60 de l'Ordonnance du 26 mars 1816,
porta que les sous-officiers décorés de la Légion
d'honneur ne pouvaient être cassés que d'après autorisation spéciale du roi expédiée par les ministres
secrétaires d'Etat de la Guerre ou de la Marine, seuls
légalement responsables de toute mesure concernant
le sort des individus qui ressortissent à leurs départements respectifs. Ces ministres devaient prendre à
cet effet les ordres du roi et notifier immédiatement
la décision royale au grand chancelier de la Légion
d'honneur pour qu'elle fût inscrite sur les registres de
l'Ordre.

Le 9 janvier 1827, une décision royale prescrivit le
retrait des insignes au condamné correctionnel à un
an ou plus d'emprisonnement pendant sa détention,
lorsqu'il revêtira la tenue des prisonniers. En voici
les termes : « Tout individu décoré de nos ordres

______

(1) Le texte de ces documents, mis l'un en regard de l'autre, afin de
mieux marquer les différences qui les séparent, se trouve reproduit
dans l'ouvrage déjà cité de M. Delarbre, p. 19 et suiv,

royaux ou d'ordres étrangers autorisés par nous, qui aura été condamné correctionnellement à une année ou plus d'emprisonnement ou de détention et qui pendant la durée de sa peine devra être revêtu de l'habit uniforme des détenus, ne pourra en porter les insignes sur ce vêtement ; en conséquence, ils seront retirés au condamné pour lui être rendus à l'expiration de sa peine. »

En 1838, M. le baron Mounier, guidé par cette idée que rien ne relève plus la dignité d'un corps que la sévérité avec laquelle il est purifié de tous les éléments vicieux qui pourraient s'y être introduits, proposa à la Chambre des Pairs de placer « sous l'égide respectée de la loi l'éclat de la Légion d'honneur » et déposa un projet en 24 articles dans le but de mettre un terme à la profusion des croix (1) ; mais la Chambre des Députés (2) apporta quelques modifications particulièrement au titre II (art. 16 et suiv.) qui réunissait les dispositions relatives à la perte et à la suspension de la qualité de membre de la Légion d'honneur. L'article qui confirmait et régularisait l'exercice du pouvoir confié au roi de prononcer l'exclusion de tout légionnaire ayant encouru une condamnation correctionnelle fut rejeté. On craignit que cette disposition ne fût une atteinte à ce principe que les titres des différents gra-

(1) Chambre des Pairs : 8 mai et 3 juin 1838, 13 juin 1839, 11 avril 1840.

(2) Chambre des Députés : 19 juillet 1839, 10 et 11 février 1840.

des sont conférés à vie, et la Chambre des Députés se
prononça, suivant le rapport de M. le baron Hallez,
« contre l'institution d'une sorte de tribunal d'honneur,
juridiction exceptionnelle et mal définie et qui expo-
sait le légionnaire à subir après la condamnation correctionnelle une deuxième condamnation souvent plus
forte que la première ; il lui paraissait que la dégradation ou la suspension ne devrait pas être encourue
lorsque le tribunal n'aurait pas expressément prononcé
cette peine ». Le projet restait muet sur les fautes
contre l'honneur auxquelles faisait allusion l'article 62
de l'Ordonnance de 1816.

Mentionnons encore dans cet exposé chronologique
un avis émis, le 5 juin 1849, par le comité des finances
de la guerre et de la marine du Conseil d'Etat, aux
termes duquel les membres de la Légion d'honneur
servant dans les armées de terre et de mer, qui, à titre
de punition, auront été placés dans les compagnies de
discipline, devraient être privés du droit de porter les
insignes de la décoration pendant le temps qu'ils res-
teront dans ces compagnies, et proposant que la jouissance du traitement auquel ils ont droit, en qualité
de légionnaires, ne pourrait être suspendue que dans
les cas spécifiés à l'article 26 de la loi du 11 avril 1831
sur les pensions militaires.

D'après un décret du 24 mars 1851, le Comité de
consultation, qui avait cessé depuis longtemps ses
fonctions, prit le titre de Conseil de l'Ordre. Mais le

document le plus important à signaler à cette époque,
c'est le décret organique de la Légion d'honneur du
16 mars 1852, rendu sur la proposition du maréchal
grand chancelier Exelmans, que l'on peut considérer
comme la charte constitutionnelle de la règlementation
en vigueur. Son titre VI reproduit et coordonne les
dispositions disciplinaires antérieures sur la perte de
la qualité de légionnaire, la suspension de l'exercice
des droits et des prérogatives, la transmission au
grand chancelier de tous les jugements et rapports
relatifs à des membres de l'Ordre, le compte-rendu
par le procureur général auprès de la Cour de cassation du recours en cassation formé contre ces jugements, la dégradation au cas de condamnation à une
peine infamante, la cassation d'un chevalier de la
Légion sous-officier en activité et le renvoi des soldats ou marins légionnaires, les pouvoirs du chef de
l'État.

En 1851, M. Victor Foucher avait soumis au Conseil
de l'Ordre un projet de décret déterminant les attributions du Conseil en ce qui concerne la discipline.
Ce projet, discuté et modifié, est devenu le décret du
24 novembre 1852 qui règle le mode d'exécution de
l'action disciplinaire établie par le précédent décret et
en étend l'application aux décorés de la Médaille militaire instituée par l'art. 11 du décret du 22 janvier
1852. Dès lors, l'envoi par punition dans une compagnie de discipline d'un militaire des armées de terre

ou de mer emporte la suspension des droits et prérogatives ainsi que du traitement attachés à la qualité de
membre de l'Ordre de la Légion d'honneur ou de médaillé militaire, pendant la durée de la punition. Sur
le vu de tout jugement définitif portant condamnation
contre eux, à l'une des peines du boulet, des travaux
publics et de l'emprisonnement, les légionnaires et
médaillés deviennent passibles de la suspension ou du
retrait des droits et prérogatives ainsi que du traitement attachés à leur qualité. De plus, les mêmes décisions (et cette assimilation est notable) peuvent être
prises, dans la même forme, par application de l'article
62 de l'Ordonnance de 1816, contre tout officier des
armées de terre ou de mer mis en retrait d'emploi
pour inconduite habituelle ou pour faute contre l'honneur (art. 5 modifié ultérieurement par le décret du 8
décembre 1859, substituant le mot de réforme à ceux
de retrait d'emploi qui avaient entraîné l'annulation de
plusieurs décrets par le Conseil d'État) (1).

Outre le décret du 16 mars 1852, charte actuelle de
l'Ordre, et celui du 24 novembre suivant, la législation
actuelle sur la discipline de la Légion d'honneur a
sa base dans un décret du 14 avril 1874, qui crée un
nouveau cas d'exercice du pouvoir disciplinaire, le cas
où des actes portent atteinte à l'honneur sans pouvoir

(1) Arrêt notamment du 2 juin 1859. Mais l'article 5 du décret du
24 novembre 1852 et le décret du 8 décembre 1859 ont été abrogés
par le décret du 9 mai 1874 (art. 2).

être l'objet d'aucune poursuite devant les tribunaux ou les conseils de guerre. Nous avons vu que cette question fut agitée en 1816. La légalité de l'article 62 n'avait pas cessé d'être reconnue et déjà, en 1852, un premier pas avait été fait dans cette voie : les officiers mis en réforme pour faute contre l'honneur étaient déclarés justiciables du Conseil de l'Ordre, qui, après leur comparution devant un conseil d'enquête au point de vue de l'état d'officier, peut proposer pour le légionnaire une peine au point de vue de la Légion d'honneur. L'objection faite autrefois sur l'impossibilité de définir les fautes contre l'honneur tombait devant les faits, puisque, dès la loi du 19 mai 1834 (art. 12), les fautes contre l'honneur étaient définies par les conseils d'enquête ; et il semblait possible d'armer des mêmes pouvoirs le Conseil de l'Ordre de la Légion d'honneur.

A la séance du 13 janvier 1873, M. le général Vinoy, grand chancelier, frappé des divergences d'opinion qui se produisaient au Conseil de l'Ordre chaque fois qu'il fallait émettre un avis au sujet de légionnaires classés dans l'ordre civil qui avaient manqué notoirement à l'honneur sans avoir été l'objet d'aucune condamnation judiciaire, proposa au Conseil d'instituer une commission qui serait chargée de préparer un rapport sur les moyens à prendre pour combler les lacunes de la législation disciplinaire et mettre à exécution le règlement prévu par l'article 62 de l'Ordonnance du

26 mars 1816. Cette proposition fut adoptée à l'unanimité (1).

La Commission choisie dans le sein du Conseil se réunit les 20 et 27 janvier suivants. En faisaient partie : MM. le vice-amiral Chopart, président ; le général de division Allard, rapporteur ; Rihouet, président honoraire à la Cour des Comptes ; le baron Zangiacomi, conseiller à la Cour de Cassation ; et Aucoc, président de section au Conseil d'État. On reconnut que le décret du 24 novembre 1852 assurait bien l'exécution de l'article 62 en ce qui concernait les officiers, sous-officiers et soldats frappés de pénalités disciplinaires pour des faits de nature à porter atteinte à l'honneur, sans avoir donné lieu à aucune condamnation judiciaire, alors que des légionnaires civils pouvaient par les mêmes faits, ou de plus graves encore, compromettre impunément le respect dû à la Légion entière. Une disposition réglementaire du Chef de l'État devait, en conséquence, intervenir pour appliquer dans sa teneur l'article 62, partiellement maintenu dans les articles 4 et 5 du décret du 24 novembre 1852 bien que l'ordonnance de 1816 eût été abrogée par des lois subséquentes, et procurer au Conseil de l'Ordre la possibilité d'agir contre tous les Membres de la Légion et non pas seulement à l'égard des militaires et marins : la mesure nouvelle aurait donc pour résultat de rendre égale

______

(1) Cf. *Procès-verbaux du Conseil de l'Ordre*.

Durieux.   4

pour tous la justice disciplinaire. Le 3 février, le Conseil y donna son approbation ; et la loi du 25 juillet 1873 sur les récompenses nationales, votée après un rapport de M. La Caze, contenait un article rééditant littéralement l'article 62 de l'Ordonnance de 1816 et annonçant de nouveau le règlement qui n'avait jamais été promulgué.

Le projet de règlement fut l'œuvre d'une commission nouvelle, nommée par le Conseil le 10 octobre 1873, et formée de MM. l'amiral Chopart, le général de Barolet, avec M. Aucoc pour rapporteur. Après quelques changements introduits par le Conseil d'État, il devint le décret du 14 avril 1874 dont nous relevons la substance : désormais, lorsque le grand chancelier est saisi d'un rapport ou d'une plainte contre un légionnaire n'appartenant pas à l'armée, il fait procéder sommairement à une information préalable, et, suivant les résultats de cette information, il décide s'il y a lieu ou non de donner suite à la plainte. Au cas de l'affirmative, cette décision ne peut être prise qu'après l'avis du ministre compétent, s'il s'agit d'un légionnaire remplissant des fonctions publiques. L'inculpé est appelé à se défendre devant une commission d'enquête de trois membres d'un grade au moins égal au sien. Puis le Conseil de l'Ordre émet un avis, et il est statué, en fin de compte, par le grand chancelier, s'il ne s'agit que de la censure, ou par le Président de la République s'il s'agit de suspension ou d'exclusion.

Le Conseil d'État, croyant devoir se renfermer dans la délégation expresse que l'Assemblée nationale lui avait donnée pour établir un règlement sur la discipline des membres de la Légion, avait rejeté l'article du projet primitif qui étendait les mêmes dispositions à la Médaille militaire et aux médailles commémoratives. L'assimilation fut consacrée par un décret distinct du 9 mai 1874 rendant applicable aussi aux Français autorisés à porter des Ordres étrangers le nouveau règlement disciplinaire de l'Ordre du 14 avril, et abrogeant purement et simplement l'article 5 du décret du 24 novembre 1852 et le décret du 8 décembre 1859. Ces dispositions ont été étendues successivement aux titulaires des médailles commémoratives créées postérieurement ainsi qu'aux Ordres coloniaux. Leur réglementation, au point de vue de la discipline, se trouve, du reste, identique sur tous les points.

Le décret du 14 avril 1874 a été modifié lui-même, en son article 9, paragraphe 1er, par un décret du 19 mai 1896. Enfin un décret du 27 janvier 1899 autorise, par délégation du grand chancelier, les généraux commandant en chef en Indo-Chine et à Madagascar à suspendre de tous les droits et prérogatives attachés aux qualités de membres de la Légion d'honneur et de décorés de la Médaille militaire, les sous-officiers cassés de leur grade et les soldats ou marins renvoyés à la suite d'une condamnation les faisant tomber sous l'application des dispositions disciplinaires des décrets des 16 mars et 24 novembre 1852, jusqu'à ce que le Conseil de l'Ordre ait statué sur la décision à intervenir.

Section II

Ses Organes et ses Sources

Voyons maintenant à quelles personnes incombe le fonctionnement de l'action disciplinaire de la Légion d'honneur indépendamment de toute autre action et en vertu de quels textes il est actuellement assuré.

D'après l'article 5 du décret du 29 floréal an x, le Premier Consul était de droit chef de la Légion et président du Grand Conseil d'administration. Nous avons vu déjà que l'arrêté du 24 ventôse an xii avait investi, pour la première fois, du pouvoir disciplinaire le grand conseil de la Légion d'honneur, dont les décisions étaient préparées par un comité de consultation institué le 4 germinal suivant et qui a été l'origine du Conseil de l'Ordre. Par l'ordonnance royale du 19 juillet 1814 approuvant et confirmant l'institution de la Légion d'honneur, Louis XVIII s'en déclarait pour lui et ses successeurs chef souverain et grand maître (art. 1er). Puis l'ordonnance du 26 mars 1816 maintint ces titres au roi (art. 2), à qui elle attribuait le droit de suspendre et d'exclure les légionnaires indignes. Aujourd'hui c'est le Président de la République qui est chef souverain et grand maître de l'Ordre (Décr. 16 mars 1852, art. 2). En cette qualité, conformément à l'article 46, il peut suspendre en tout ou en partie l'exercice des droits et prérogatives ainsi que le traitement attachés à la qualité de membre de la Légion d'honneur, et même exclure de la Légion lorsque la nature du délit et la gravité de la peine prononcée correctionnellement paraissent rendre cette mesure nécessaire. C'est lui qui, sur le rapport du grand chancelier et l'avis du conseil de l'Ordre, prononce la suspension et l'exclusion lorsqu'elles ne résultent pas de plein droit de la perte de la qualité de Français ou de condamnation à des peines afflictives ou infamantes ou à la dégradation militaire, même, sous certaines formes, lorsque les actes attentatoires à l'honneur ne peuvent être l'objet d'aucune poursuite devant les tribunaux ou les conseils de guerre (Décr. 14 avril 1874, art. 2). Les avis du conseil de l'Ordre n'ont aucun des caractères attachés à un jugement définitif et ne lient pas le Président de la République, toujours libre de les accepter ou de les rejeter, car il a sur les faits disciplinaires un pouvoir souverain d'appréciation qui, partant, ne peut donner lieu à aucun recours contentieux.

Immédiatement après le Chef de l'État nous trouvons le Grand Chancelier, choisi parmi les grands-croix ou les grands officiers de l'Ordre. Un arrêté des consuls du 27 messidor an X (16 juillet 1802) portait que la première opération du Grand Conseil d'administration serait la nomination du grand chancelier et du trésorier général (art. 2). Les attributions de celui-là avaient été réglées par un autre arrêté du 23 messidor précédent, aux termes duquel le grand chancelier avait séance au Grand Conseil, était dépositaire du sceau et chargé de la tenue du registre des délibérations, de la rédaction des procès-verbaux ainsi que de l'expédition de la correspondance (art. 7, 8 et 10). Ces dispositions ont été reprises et étendues par la législation subséquente, mais le grand chancelier est directement nommé par le Chef de l'État. A l'inverse, c'est lui qui remet officiellement au Président de la République les insignes de grand-croix de la Légion d'honneur et le reconnaît Grand Maître de l'Ordre. Spécialement en ce qui concerne la discipline, il assure l'exécution des règlements qui la régissent : il propose au Président de la République les mesures disciplinaires de la suspension et de l'exclusion à l'encontre des membres de la Légion d'honneur, des décorés de la Médaille militaire, des titulaires de médailles commémoratives de diverses campagnes de guerre, des Français autorisés à accepter et à porter des ordres coloniaux et étrangers ; il prononce lui-même la censure lorsque les actes qui portent atteinte à leur honneur ne peuvent être l'objet d'aucune poursuite devant les tribunaux ou les conseils de guerre. Il vise pour l'exécution les décrets relatifs à la Légion d'honneur contresignés par le Garde des Sceaux, Ministre de la Justice. Il informe ce dernier de toute radiation ou suspension, s'il s'agit d'un individu non militaire, et les Ministres de la Guerre et de la Marine, s'il s'agit d'un militaire ou d'un marin ou d'un individu assimilé aux militaires ou marins. Enfin il préside le Conseil de l'Ordre.

Depuis l'Ordonnance du 19 juillet 1814 (art. 21), il est établi, près du grand chancelier de la Légion d'honneur, un Secrétaire Général, nommé par le Président de la République, qui a la signature en cas d'absence ou de maladie du grand chancelier, et le représente. C'est à lui qu'est déférée la vice-présidence du conseil de l'Ordre (Décret organique du 16 mars 1852; art. 48 et 54).

Le Conseil de l'Ordre assiste le grand chancelier et veille, de concert avec lui, à l'observation des statuts ; il donne notamment son avis sur les mesures de discipline à prendre envers les membres de la Légion d'honneur (Même décret, art. 56, 4°) et ses autres justiciables. Dès 1851, il a succédé (Décret du 24 mars, art. 4), à l'ancien comité de consultation de onze membres qu'avait créé un arrêté du Grand Conseil en date du 4 germinal an XII (25 mars 1804). Il se réunit tous les mois sur la convocation et sous la présidence du grand chancelier. Il est composé du secrétaire général, vice-président, et de dix membres de l'Ordre (1)

---

(1) Un décret, appliqué pour la première fois le 28 janvier 1862 et dont l'original a été brûlé lors de l'incendie du palais de la Légion d'honneur, en 1871, avait porté à douze le nombre des membres du

nommés par le Président de la République et renouvelables par moitié tous les deux ans, mais les membres
sortants peuvent être renommés. Le secrétaire du
Conseil est à la nomination du grand chancelier (1) :
c'est ordinairement le chef du bureau du Secrétariat
général de la Grande Chancellerie (Décr. 16 mars
1852, art. 54 et 55).

Les attributions du Conseil de l'Ordre sont mul-
tiples : il vérifie si les nominations et promotions dans
la Légion d'honneur et les concessions de Médailles
militaires sont faites en conformité des lois, décrets et
règlements en vigueur; il arrête semestriellement le
nombre des extinctions survenues dans les divers
grades et dans la Médaille militaire notifiées à la
grande chancellerie pendant le cours du semestre
expiré ; il donne son avis sur la répartition des mêmes
décorations, avec ou sans traitement, entre les différents ministères et la grande chancellerie ; il est également consulté pour le règlement des comptes de
recettes et de dépenses des divers services de la
grande chancellerie, sur toute nomination pour services exceptionnels, sur les demandes en autorisation
d'accepter ou de porter des ordres ou des décorations

Conseil. Le chiffre a été ramené à dix par le décret du 5 décembre
1895 (Voir Rapport au Président de la République. *Journal officiel*
du 7 décembre).

(1) Le traitement de six mille francs qui avait été accordé au
secrétaire a été supprimé, à compter du 1er avril 1853, par un décret
du 14 mars précédent.

étrangères et généralement sur toutes les questions pour lesquelles le grand chancelier juge utile de provoquer son avis. Tout ce rôle administratif du Conseil de l'Ordre est en dehors de notre étude restreinte à son rôle de discipline ; mais ici comme là, il se borne à émettre des avis que le Président de la République, ainsi que nous l'avons constaté, n'est pas obligé de suivre.

Le 13 juillet 1895, la Chambre des Députés vota un ordre du jour invitant le Gouvernement à préparer un projet de loi destiné à réorganiser le Conseil de l'Ordre. Pour déférer à ce vœu, le Garde des sceaux présenta, à la séance du 22 octobre suivant (1), un projet de loi relatif à la réorganisation et aux attributions du Conseil de l'Ordre de la Légion d'honneur (2). Aux termes du projet, le Conseil se compose de quinze membres renouvelables par tiers tous les deux ans, sans que les membres sortants puissent être nommés de nouveau avant l'expiration de deux années; il est présidé par le grand chancelier et, en son absence, par le secrétaire général, dont les fonctions ne peuvent être confiées simultanément à des légionnaires figurant dans les cadres tous les deux au titre militaire ou au titre civil. Au point de vue de la discipline, l'article 5 du projet préconise une importante innovation :

(1) *Journal Officiel* : Débats parlementaires, Chambre p. 2188.

(2) *Journal Officiel* : Documents parlementaires, p. 1389 — Annexe, n° 1559.

la désignation par décret, chaque année, d'un commissaire du Gouvernement et, à son défaut, d'un commissaire suppléant, pour remplir le rôle de ministère public dans les affaires disciplinaires poursuivies contre les membres de l'Ordre et qui devra être entendu dans ses conclusions. A ce sujet, nous relevons dans l'exposé des motifs les lignes suivantes : « Il ne peut être question d'enlever aux membres mêmes de l'Ordre l'action disciplinaire dont ils doivent être les meilleurs gardiens; mais l'autorité des décisions qu'ils sont appelés à rendre ne peut être entière qu'autant que la procédure organisée pour les préparer ne laisse, en aucune occurrence, prise à la critique. Or, il existe, à cet égard, une lacune incontestable dans la législation actuelle. Tandis que le droit de défense reste ouvert devant le Conseil de l'Ordre statuant en matière de discipline, les plaintes portées à sa connaissance n'ont aucun organe officiel pour les soutenir. Il peut résulter de là, en certains cas, un énervement de la poursuite. Quelle que soit la haute conscience de celui qui juge, elle peut être mise en défaut par une insuffisante connaissance des faits que préviendrait un débat contradictoire. L'institution d'un commissaire du Gouvernement, porte-parole de sa pensée, semble tout naturellement indiquée pour écarter toute cause accidentelle d'erreur... »

Ayant indiqué les organes, nous devons signaler les sources. En dehors de l'article 634 du Code d'instruction criminelle, des articles 42, 177, 254 et 259 du Code pénal et de l'article 190 du Code de justice militaire, toute la législation en vigueur sur la matière est constituée par plusieurs décrets, intervenus à des dates successives, indiquées dans notre historique, et qui ont réglementé, modifié ou étendu les dispositions disciplinaires de l'Ordre. On en trouvera le commentaire au cours de ce travail. Mais, quelles que soient d'ailleurs ses qualités, cette législation ne se suffit pas toujours et reste parfois incomplète en présence de la variété des questions qui surgissent. Portalis disait qu'on ne peut pas plus se passer de jurisprudence que de lois. Une juridiction, en effet, n'adapte pas seulement la lettre aux faits de la cause disciplinaire; la pratique dégage des vérités, apporte un contingent de rapports critiques, d'études et de discussions qui, bien souvent, inaugurent des solutions nouvelles et créent des précédents ou des modifications dans l'interprétation des textes; car la jurisprudence, suivant le mot de Pothier, est une législation versatile. Il faut nécessairement en tenir le plus grand compte.

CHAPITRE II

DES PERSONNES QUI SONT SOUMISES A L'ACTION DISCIPLINAIRE DE LA LÉGION D'HONNEUR

Section I.

Membres de la Légion d'honneur.

Le pouvoir disciplinaire spécial à la Légion d'honneur s'applique d'abord, naturellement, aux membres de l'Ordre; et il nous paraît qu'il peut intervenir à l'égard des êtres collectifs (régiments et villes décorés) aussi bien que contre les individus (civils ou militaires) quels que soient d'ailleurs le grade et le sexe de ceux-ci. Mais il importe de noter dès maintenant que la qualité de légionnaire ne devient définitive que par la solennité de la réception.

Cette installation essentielle se trouve réglée par le titre IV du décret organique du 16 mars 1852. Les grands-croix et les grands officiers reçoivent leur décoration des mains du Chef de l'Etat. En cas d'empêchement, le grand chancelier ou un grand fonctionnaire du même rang dans l'Ordre est délégué pour procéder aux réceptions ; dans l'un et l'autre cas, le grand chancelier prend les ordres du Chef de l'Etat.

Pour procéder aux réceptions des chevaliers, officiers et commandeurs, le grand chancelier désigne un membre de l'Ordre d'un grade au moins égal à celui du récipiendaire. Celui-ci, si c'est un civil, est introduit ; le délégué lui remet ses insignes en lui donnant l'accolade et en prononçant la formule suivante : « Au nom du Président de la République et en vertu des pouvoirs qui nous sont conférés, nous vous faisons chevalier... (officier ou commandeur) de la Légion d'honneur ».

En ce qui concerne la réception des militaires de l'armée de terre, nommés ou promus dans la Légion d'honneur, le cérémonial se trouve ainsi fixé par divers décrets, notamment par celui du 10 mai 1886 : *a)* les officiers jusqu'au grade de colonel inclus, les sous-officiers, les caporaux ou brigadiers et les soldats faisant partie d'un corps de troupe sont reçus, lors d'une revue, devant le régiment ou le corps de troupe auquel ils appartiennent, par leur chef de corps ou un officier général ou par l'officier commandant le détachement dont ils font partie, si cet officier est officier supérieur ; dans le cas contraire, la réception est faite par le commandant d'armes (Décret du 10 mai 1886, art. 1er 1° modifié par décision prés. du 16 novembre suivant). Lorsque la revue est passée par un officier général, qu'il soit ou non commandant d'armes, c'est à lui qu'il appartient de procéder à la réception et à la remise des insignes pour tous les militaires sans distinction. En cas d'absence d'officier général, cette mission incombe toujours, à l'issue de la revue prescrite, au chef de corps pour les militaires des corps de troupe, au commandant d'armes ou à son délégué pour les militaires sans troupe ou faisant partie d'un détachement dont le chef n'est pas officier supérieur.

b) Les officiers généraux promus officiers ou commandeurs sont reçus par le délégué du grand chancelier, qui doit être pourvu au moins du même grade qu'eux dans l'Ordre. La cérémonie de leur réception a lieu dans les conditions les plus propres à rehausser l'éclat de la récompense accordée et des services rendus.

c) Les officiers sans troupe, les fonctionnaires de l'intendance, les assimilés, les employés militaires, les sous-officiers, caporaux ou brigadiers et soldats ne faisant partie d'aucun corps de troupe ou détachés de celui dont ils font partie, sont reçus devant la garnison convoquée pour être passée en revue, par le commandant d'armes ou son délégué.

A l'issue de la revue, le commandant des troupes fait sortir du rang, sans leur garde, les drapeaux ou étendards et les fait placer devant le centre. Tous les légionnaires présents se groupent derrière ces drapeaux ou étendards, et les récipiendaires se placent à dix pas en avant. L'officier délégué par le grand chancelier pour procéder à la réception se place en face des récipiendaires, fait porter les armes et ouvrir un ban ; il adresse ensuite, à haute voix, à chacun des nouveaux nommés ou promus dans la Légion d'honneur les paroles suivantes : « Au nom du Président de la République et en vertu des pouvoirs qui nous sont conférés, nous vous faisons chevalier... (officier ou commandeur) de la Légion d'honneur. » Puis il frappe le récipiendaire du plat de l'épée sur chaque épaule, lui attache sa décoration sur la poitrine et lui donne l'accolade. Les drapeaux et les anciens légionnaires rentrent dans le rang, et le commandant des troupes fait fermer le ban et défiler l'arme sur l'épaule droite. Pendant le défilé, les nouveaux légionnaires se tiennent à quatre pas derrière le commandant des troupes.

Enfin il est adressé au grand chancelier un procès-verbal de chaque réception.

Nous avons tenu à reproduire ce protocole dans tous ses détails, afin de mieux comprendre à présent la haute importance qui s'y attache. Par elle-même, en effet, la nomination ne permet pas de porter les insignes et ne confère ni le titre de légionnaire ni ses préroga-tives : elle a besoin, pour être effective, du complément de la réception. Alors seulement la qualité de membre de l'Ordre est définitivement acquise. Il en découle une grave conséquence : le candidat nommé et reçu devient désormais justiciable du Conseil de l'Ordre ; l'action disciplinaire peut dès lors être intentée valablement contre lui pour des faits postérieurs à la réception. Il n'y a qu'une manière de lui retirer sa décoration : c'est l'exercice du pouvoir de discipline, soit à la suite d'une condamnation par les tribunaux ou les conseils de guerre, dans les conditions prévues par les articles 38 à 46 du Décret du 16 mars 1852, soit à la suite d'une enquête ordonnée par le grand chancelier en vertu des dispositions du Décret du 14 avril 1874. Mais, en définitive, le décret de nomination peut être rapporté jusqu'à la réception, et c'est le Ministre compétent qui interviendra. C'est une ressource pour réparer les erreurs que la publication des décorations ferait apercevoir et pour punir les faits postérieurs à la nomination mais antérieurs à la réception.

Voilà les principes que permet de dégager la jurisprudence du Conseil de l'Ordre. La question s'était posée une première fois devant lui, en 1836. Il s'agissait d'un Sr Gérard, nommé membre de la Légion d'honneur par ordonnance royale du 30 avril 1836 et dont la nomination avait été révoquée par une autre ordonnance du 25 mai. L'intéressé soutint dans son pourvoi au Conseil d'État qu'ayant été nommé légionnaire il ne pouvait perdre cette qualité, d'après l'article 53 de l'ordonnance règlementaire du 26 mars 1816, que par les mêmes causes qui font perdre la qualité de Français ; que si, d'après l'art. 61, la suspension des droits et prérogatives des membres de l'Ordre ou l'exclusion pouvaient être prononcées par le roi, c'était par suite d'un jugement correctionnel, lorsque la nature du délit ou la gravité de la peine paraissaient rendre cette mesure nécessaire. A ces arguments la Grande Chancellerie, invoquant à l'appui de sa doctrine un certain nombre de précédents, (1), opposa que, tant qu'il n'y a pas eu réception, la nomination peut être révoquée, parce que la nomination seule ne confère pas le titre et ne devient effective qu'après la réception. Mais le Conseil d'Etat considéra que la matière n'appartenait pas au contentieux administratif et, par arrêt du 22 février 1838, rejeta la requête (2).

Le recours se trouva donc écarté par une fin de non-recevoir; mais le Conseil d'Etat revint plus tard sur cette jurisprudence qui n'admettait pas de pourvoi contre un décret disciplinaire et il décida, à plusieurs reprises (3), qu'aucune disposition légale n'autorisait, après la réception dans l'Ordre, la révocation de la

---

(1) Révocation de trois nominations du 20 mars 1820 et d'une nomination du 28 novembre 1833, sur le rapport du grand chancelier; révocation d'une nomination du 27 novembre 1830 et de trois autres du 21 mars 1831, sur le rapport du Ministre de la Guerre. Une révocation du 27 juillet 1833 du Ministère de l'Intérieur ne put avoir de suite parce que la formalité de la réception avait été déjà accomplie.

(2) Félix Lebon : *Rec. des arrêts du Conseil ou ordonnances royales*, année 1838, p. 117.

(3) Arrêts des 30 mai 1873 (Burgues), 11 juillet 1873 (Pignot), 12 novembre 1875 (Maréchal). Leur rédaction est identique. Voir Lebon, op. cit., à leurs dates.

nomination d'un légionnaire à raison de l'erreur qui aurait été commise dans l'appréciation de ses titres à la décoration. La réception est donc, en définitive, une formalité essentielle qui, en même temps qu'elle permet de porter les insignes, complète la nomination et la rend irrévocable. Jusque-là, la nomination n'est pas définitive et ne constitue pas un droit acquis.

Depuis 1873, le Conseil de l'Ordre s'est toujours conformé à cette jurisprudence. Nous signalerons seulement à son sujet une espèce intéressante. Un S^r Le P., 1er maître-fourrier des Équipages de la Flotte, médaillé militaire et titulaire de la médaille de Madagascar, avait été nommé chevalier de la Légion d'honneur ; mais, deux mois plus tard, avant qu'il eût été procédé à sa réception dans l'Ordre, il était mis à la retraite d'office par mesure disciplinaire. La Grande Chancellerie estima non seulement qu'il importait de surseoir à la réception d'un légionnaire que l'on sait indigne, mais elle proposa, en outre, de rapporter purement et simplement le décret de nomination. Cette proposition juridique et conforme aux précédents fut suivie, en effet, par le Ministre de la Marine. Puis le Grand Chancelier, faisant application, quant aux Médailles militaires et de Madagascar, des décrets des 14 avril et 9 mai 1874, raya Le P. des contrôles de ces deux médailles.

La qualité de membre de la Légion d'honneur, une fois obtenue, est constatée par un brevet, revêtu de la signature du Président de la République et contresigné par le grand chancelier, délivré à tous ceux qui ont été nommés ou promus. Elle doit être mentionnée par les officiers de l'état civil sur tous les actes auxquels figure un légionnaire. (Circ. Justice, 3 juin 1807).

Un certain nombre de droits et de prérogatives sont attachés à cette qualité.

1° Elle permet d'abord d'en porter les insignes. La décoration est une étoile à cinq rayons doubles, surmontée d'une couronne de chêne et laurier. Le centre de l'étoile, entouré de branches de chêne et de laurier, présente, d'un côté, la tête de la République avec cet exergue : *République française, 1870;* et, de l'autre, deux drapeaux tricolores, avec cet exergue : *Honneur et Patrie*. (Décr. 16 mars 1852, art. 8, et 8 novembre 1870, art. 1er.) L'étoile, émaillée de blanc, est en argent pour les chevaliers et en or pour les officiers, commandeurs, grands officiers et grands-croix. Le diamètre est de quarante millimètres pour les chevaliers et officiers, et de soixante pour les commandeurs.

Les chevaliers portent la décoration attachée par un ruban moiré rouge, sans rosette, sur le côté gauche de la poitrine. Les officiers la portent à la même place et avec le même ruban, mais avec une rosette, tandis que les commandeurs la portent en sautoir, attachée par un ruban moiré rouge plus large que celui des officiers et chevaliers. Les grands officiers portent sur le côté droit de la poitrine une plaque ou étoile à cinq rayons doubles, diamantée tout argent, du diamètre de quatre-vingt-dix millimètres, présentant au centre la tête de la République et en exergue : *République française, 1870. Honneur et Patrie.* Les grands-croix portent un large ruban, moiré rouge, en écharpe, passant sur l'épaule droite, et au bas duquel est attachée une croix semblable à celle des commandeurs, mais ayant soixante-dix millimètres de diamètre ; de plus, ils portent sur le côté gauche de la poitrine une plaque semblable à celle des grands officiers. (Mêmes décr.).

Un décret du 10 mars 1891 a réglé d'une manière uniforme le port des décorations et médailles françaises et étrangères. Les décorations et médailles se portent sur le côté gauche de la poitrine, le ruban ou la rosette posés : sur l'uniforme militaire (tunique, dolman, veste, capote, habit ou redingote), à la hauteur de la deuxième rangée de boutons ; sur le costume officiel civil (frac, robe, soutane, etc.), à la hauteur du sein gauche ; sur l'habit ou la redingote de ville, à la première boutonnière. Lorsque les insignes sont à l'effigie de la République, ils doivent présenter la face sur laquelle se trouve l'effigie. La croix de la Légion d'honneur est placée la première, en allant de droite à gauche. Sur l'uniforme, en costume officiel, militaire ou civil, dans la petite tenue en armes, elle est portée avec ses insignes réglementaires ; le port du ruban ou de la rosette, seuls, à la boutonnière est formellement interdit. Les personnes en tenue de ville sont seules autorisées à porter à la boutonnière le ruban ou la rosette sans insignes ;

2° Les sous-officiers, caporaux ou brigadiers et soldats décorés de la Légion d'honneur ont droit au salut des militaires du même grade non décorés ; en cas de refus du salut, le militaire qui y a droit peut demander une punition au capitaine du coupable. (Décr. 4 oct. 1891 sur le service des places, art. 309, 3°) ;

3° Les sentinelles présentent les armes aux grands-croix, grands officiers et commandeurs de la Légion d'honneur porteurs de leur décoration. (*Ibid.* art. 292 et 293) ;

4° Les membres de l'Ordre convoqués aux cérémonies publiques, civiles ou religieuses, y occupent des places particulières. Le décret du 24 messidor an XII (Art. 1er) place après les conseillers d'Etat en mission et avant le général de la division territoriale les grands officiers de la Légion d'honneur lorsqu'ils n'auront pas de fonctions qui leur assignent un rang supérieur, et le décret du 11 avril 1809 porte que les commandants, officiers et membres de la Légion occuperont un banc qui sera établi, ou une place qui leur sera assignée, après les autorités constituées ;

5° Les grands-croix ou grands officiers, prévenus de délits de police correctionnelle, jouissent du privilège juridictionnel des articles 479 et suiv. du Code d'instr. crim., des articles 10 de la loi du 20 avril 1810 et 4 du décret du 6 juillet 1810. Pour les délits commis par eux, le procureur général près la Cour d'appel les fera citer devant cette cour qui prononcera sans qu'il puisse y avoir appel.

6° Des honneurs funèbres militaires sont rendus aux membres de la Légion d'honneur. La moitié de la garnison prend les armes pour les grands-croix; le tiers de la garnison pour les grands officiers. A Paris, hors les cas spécialement réglés par l'autorité supérieure, dans les places qui renferment une nombreuse garnison et dans les camps à l'intérieur, les termes *moitié* et *tiers* de la garnison doivent s'entendre de l'équivalent : pour le premier cas, d'une brigade ; et pour le second, de la moitié d'une brigade contenant autant que possible des détachements des différentes armes. (Décr. précité du 4 oct. 1891, art. 312, 313 et 314).

Un bataillon ou deux escadrons, commandés par un colonel ou par un capitaine de vaisseau, prennent les armes pour les commandeurs. Une compagnie ou un peloton de troupes à cheval, commandés par un capitaine ou un lieutenant de vaisseau, prennent les armes pour les officiers de la Légion d'honneur ; une section d'infanterie ou un demi-peloton de troupes à cheval, commandé par un sous-lieutenant ou un aspirant de 1re classe, prend les armes pour les chevaliers. *(Ibid.* art. 315, 317 et 319).

Les honneurs militaires funèbres sont rendus au domicile du défunt. Les troupes sont rangées autant que possible face à la maison mortuaire; pendant la levée du corps et jusqu'à ce que le cortège ait défilé, elles sont au port d'armes; les tambours, clairons ou trompettes battent ou sonnent une marche funèbre. Après le défilé du cortège, les troupes sont reconduites à leurs quartiers. Pour les officiers, fonctionnaires et employés décédés en dehors du service, ainsi que pour les sous-officiers et soldats retraités, membres de la Légion d'honneur, il sera commandé en outre une députation d'au moins quatre personnes de grade égal à celui du décédé et, à défaut, de quatre personnes du grade inférieur. (Art. 325).

7° Enfin il nous reste à mentionner le droit, pour certains légionnaires, de toucher un traitement attaché à leur décoration. Cette allocation est annuelle et payable par semestre, les 1er juin et 1er décembre, sur la production du titre d'inscription et d'un certificat de vie : les chevaliers reçoivent 250 fr.; les officiers 500, les commandeurs 1,000, les grands officiers 2,000 et les grands-croix 3,000 fr. Ont seulement droit au traitement les officiers, sous-officiers et soldats des armées de terre et de mer en activité de service qui sont nommés ou promus dans l'Ordre, ainsi que les officiers, sous-officiers et soldats des mêmes armées amputés par suite de leurs blessures ou retraités à la suite de blessures reconnues équivalentes à la perte absolue de l'usage d'un membre, nommés ou promus dans l'Ordre depuis leur admission à la retraite. (Décr. 16 mars 1852, art. 33; loi 16 juin 1837 et décr. 27 déc. 1861).

Section II.

Décorés de la Médaille militaire.

La Médaille militaire est de création relativement récente. Elle a été instituée par un décret du 22 janvier 1852 (art. 11) en faveur des soldats et sous-officiers de l'armée de terre et de mer placés dans les conditions ultérieurement fixées par le décret du 29 février 1852. Elle est accordée par le Président de la République, sur la proposition, suivant la situation du candidat, soit du ministre de la Guerre ou du ministre de la Marine, soit du grand chancelier de la Légion d'honneur (Décisions présidentielles 13 juin 1852 et 20 octobre 1888 ; Décret 9 février 1855).

Il faut noter que la Médaille militaire n'est pas un ordre de chevalerie et que les décorés de cette médaille ne forment pas une légion. Aussi, à la différence des membres de la Légion d'honneur, les titulaires de la Médaille militaire ne sont-ils pas soumis à la formalité de la réception. (1) Il n'existe, en effet, relativement à cette catégorie de décorés, aucune disposition sembla-ble à celle de l'article 24 du décret organique du 16 mars 1852 qui concerne exclusivement les légionnaires. La Médaille militaire est définitivement acquise du jour

---

(1) E. Defaux : *Législation de la Médaille militaire*, n° 40.

où le décret qui la concède a été inséré au *Journal Officiel* : la collation de cette décoration constitue dès lors un titre irrévocable, si ce n'est par la voie disciplinaire et pour des faits postérieurs. L'exclusion des matricules ne peut être prononcée que dans les cas et suivant les formes réglementaires. Par suite, le décret qui, pour une cause non prévue par les décrets des 16 mars et 24 novembre 1852, rapporterait un décret de nomination serait entaché d'excès de pouvoirs et susceptible d'annulation par le Conseil d'Etat (1).

Le décret du 10 mai 1886 ainsi que les décrets du 20 octobre 1892 portant règlement sur le service intérieur des troupes parlent bien, il est vrai, de la reception des médaillés militaires ; mais il ne s'agit, à proprement parler, que d'une remise solennelle d'insignes.

Il est délivré gratuitement à chaque titulaire un brevet sur parchemin qui constate sa qualité. Un certain nombre de droits et prérogatives sont attachés à la qualité de décoré de la Médaille militaire. Elle implique, en premier lieu, un droit à cent francs de rente viagère payables par semestre comme le traitement de la Légion d'honneur, les 1er juin et 1er décembre de chaque année. Le certificat d'inscription est également incessible et insaisissable et ne peut être engagé entre

---

(1) Cons. d'Et. 12 janvier 1877, Weiss. *Recueil des arrêts du Cons. d'Et.*, 1877, p. 54. — D. 77. 3, 25. — S. 79, 2, 30,

les mains de tiers. Cette rente peut se cumuler avec toute allocation ou pension sur les fonds de l'Etat ou des communes, mais non avec le traitement alloué aux membres de la Légion d'honneur.

La Médaille militaire est en argent et d'un diamètre de 28 millimètres : elle est surmontée d'un trophée d'armes. Elle reproduit, d'un côté, la tête de la République avec cet exergue « *République Française, 1870* »; sur l'autre face, au centre du médaillon, se trouvent gravés les mots « *Valeur et Discipline.* » Elle se porte sur le côté gauche de la poitrine, attachée par un ruban jaune avec un liseré vert. Tout porteur de la médaille du module réglementaire a droit à certains honneurs établis par le décret du 4 octobre 1891 portant règlement sur le service dans les places de guerre et les villes ouvertes : les militaires du même grade non médaillés lui doivent le salut ; les sentinelles gardent l'immobilité, la main dans le rang et l'arme au pied. De plus, des honneurs funèbres sont rendus aux caporaux, brigadiers, quartiers-maîtres et soldats et marins décorés de la Médaille militaire, par un quart de peloton en armes commandé par un sous-officier. Pour les sous-officiers et soldats retraités médaillés militaires, il est commandé, en outre, une députation d'au moins quatre personnes également médaillées qui accompagne le corps jusqu'à l'endroit où se termine la cérémonie funèbre.

Il n'était pas inutile d'indiquer ces notions sommaires.

Au point de vue de la discipline, en effet, les dispositions qui régissent la Légion d'honneur sont applicables à la médaille Militaire. Cela résulte de l'article 6 du décret du 24 novembre 1852, et de l'article 1er du décret du 9 mai 1874, ainsi que du décret du 27 janvier 1899.

SECTION III.

Titulaires de Médailles commémoratives.

Les Médailles commémoratives sont des décorations destinées, ainsi que l'indique leur nom, à conserver le souvenir des campagnes de guerre ou des expéditions heureuses auxquelles a pris part l'Armée française. Elles ont pour but, lit-on dans le préambule du décret du 12 août 1857, d'honorer les militaires qui ont combattu sous les drapeaux de la France ; elles rappellent les longs et pénibles travaux qu'ils ont exécutés, les périls qu'ils ont affrontés, les services qu'ils ont rendus à l'État ; elles les signalent à la reconnaissance publique ; elles sont, comme la Légion d'honneur et la Médaille militaire, instituées par le Souverain ; elles leur sont assimilées sous le rapport de la discipline.

Actuellement elles sont au nombre de douze. Lorsqu'elles sont portées en même temps que d'autres décorations, elles doivent être placées immédiatement après la Légion d'honneur et la Médaille militaire et avant toutes autres décorations, en allant de droite à gauche, sur le côté gauche de la poitrine. Les médailles à l'effigie de la République doivent présenter la face sur laquelle se trouve l'effigie.

En général, les titulaires des médailles commémoratives ne sont pas constitués en ordre, mais relèvent disciplinairement du Conseil de l'Ordre de la Légion d'honneur. Cette assimilation quant à la discipline a été établie par le décret du 9 mai 1874 : aux termes de l'article 1er, les dispositions du règlement d'administration publique en date du 14 avril 1874 sont applicables aux décorés de la Médaille militaire, aux titulaires des médailles commémoratives de diverses campagnes de guerre, ainsi qu'aux Français autorisés à porter des ordres étrangers.

Nous avons vu précédemment la Médaille militaire et nous verrons bientôt les Ordres étrangers. En ce qui concerne les médailles commémoratives, le décret du 9 mai 1874 a donc posé la règle, dont les décrets subséquents d'assimilation n'ont été que des applications (décret disciplinaire propre à chaque médaille et décret du 18 mars 1899).

Un point à retenir toutefois, c'est que ces sortes de médailles sont délivrées indistinctement à tous les participants de la campagne en souvenir de laquelle chacune d'elles a été créée. Ce sont des jetons de présence, dénués de tout caractère personnel, mais de la distribution desquels demeurent seuls justement exclus les indignes. Le Conseil de l'Ordre de la Légion d'honneur n'a pas à intervenir dans leur délivrance ; il a seulement demandé à être saisi des dossiers des militaires et marins condamnés postérieurement à la date de l'ouverture de leurs droits à une médaille commémorative, alors même que le brevet n'en a pas été remis (1).

Il faut noter, de plus, une disposition spéciale aux médailles commémoratives. Un avis du Conseil de l'Ordre du 26 février 1858, approuvé par l'Empereur, autorise les Ministres de la Guerre et de la Marine à prononcer, par mesure de discipline, contre tout militaire ou marin en activité de service, pendant un temps qui ne pourra excéder deux mois, la suspension du droit de porter les insignes de ces diverses médailles. La même autorisation est accordée, par délégation des mêmes ministres, aux généraux en chef et commandant les divisions militaires ou actives des armées de terre ; aux amiraux, vice-amiraux et commandant les forces navales à l'étranger. Les dispositions de cette décision appliquées d'abord aux titulaires des Médailles de Sainte-Hélène, de Crimée et de la Baltique furent successivement étendues aux titulaires des Médailles de Chine (décr. 25 mars 1861), du Mexique (décr. 15 mars 1864), pontificale (décr. 3 mars 1868), du Tonkin (décr. 30 décembre 1885), de Madagascar (décr. 9 octobre

(1) Avis du Conseil, 27 mars 1899.

1886), du Dahomey (décr. 14 janv. 1893), Coloniale (décr. 12 mai 1894), et de Madagascar (décr. 20 février 1896).

Examinons à présent les diverses médailles commémoratives.

I. — *Médaille de Crimée.*

La Médaille commémorative de la campagne de Crimée a été créée par S. M. la reine Victoria en faveur des militaires et marins de tous grades qui avaient pris part à l'expédition, depuis le 14 septembre 1854 jusqu'au 8 septembre suivant. C'est donc une médaille anglaise (décr. 26 avril 1856). Son module est de 36 millimètres. Elle représente, sur une face, l'effigie de la reine d'Angleterre avec ces mots en exergue : *Victoria Regina ;* sur l'autre face, un guerrier couronné par la Victoire avec le mot *Crimea.* Elle se porte à un ruban bleu liséré de jaune et peut comporter une ou plusieurs agrafes portant les noms de Alma, Balaklava, Inkermann, Sébastopol et Azof, qui indiquent la présence de celui qui en est titulaire à ces actions mémorables de la guerre d'Orient.

La première application des règlements disciplinaires de la Légion d'honneur à la Médaille de Crimée a été consacrée par un décret du 26 février 1858 (circ. Min. de la Guerre 31 mars 1858). La décision impériale du 26 février 1858 autorisant les ministres de la Guerre et de la Marine et, par délégation, les commandants en chef des armées de terre et de mer à prononcer, par mesure de discipline et pour une durée maxima de 2 mois, une suspension de porter les insignes, vise spécialement les titulaires de cette médaille.

II. — *Médaille de la Baltique.*

Cette médaille, instituée par S. M. la reine d'Angleterre en commémoration de la campagne de la Baltique, fut décernée aux soldats français qui firent partie du corps expéditionnaire en 1854 et 1855 (Décr. 10 juin 1857).

Son module est le même que celui de la précédente, et elle est semblable, pour l'une de ses faces, à la Médaille de Crimée; mais elle porte, au revers, une Minerve armée d'un trident avec ce mot « *Baltic* » et la date 1854-1855.

Elle est portée suspendue à un ruban jaune avec lisérés bleus.

Les dispositions relatives aux médaillés de Crimée sont également applicables aux médaillés de la Baltique. (Mêmes décr. et décis. 26 févr. 1858 ; circ. 31 mars 1858).

III. — *Médaille de Sainte-Hélène.*

La Médaille commémorative dite de Sainte-Hélène, qui date seulement d'un décret impérial du 12 août

1857, a été attribuée à tous les militaires français et étrangers des armées de terre et de mer, qui avaient combattu sous nos drapeaux de 1792 à 1815. Cette médaille est en bronze. Elle porte, d'un côté, l'effigie de Napoléon Ier; de l'autre, pour légende : *Campagnes de 1792 à 1815. A ses compagnons de gloire sa dernière pensée, 5 mai 1821.* Elle se portait à la boutonnière par un ruban vert et rouge. Mais elle n'a plus aujourd'hui qu'un intérêt rétrospectif, et nous ne la mentionnons ici que pour mémoire.

Le décret du 26 février 1858 sur la discipline des titulaires des médailles de Crimée et de la Baltique concernait aussi les titulaires de cette médaille. De même, la décision impériale du dit jour.

IV. — Médaille d'Italie.

La Médaille commémorative de la campagne d'Italie fut accordée, sur la proposition des Ministres de la Guerre et de la Marine, à tous les militaires et marins ayant pris part à cette campagne (décr. du 11 août 1859). Elle est en argent et du module de 27 millimètres. D'un côté, elle porte l'effigie de Napoléon III avec ces mots : *Napoléon III, Empereur ;* de l'autre côté, sont inscrits les noms de *Montebello, Palestro, Turbigo, Magenta, Marignan, Solférino,* et en légende les mots : *Campagne d'Italie, 1859.* Le médaillon est encadré par une couronne de lauriers formant relief des deux côtés.

Les militaires et marins qui ont obtenu cette médaille la portent attachée par un ruban rayé rouge et blanc, sur le côté gauche de la poitrine.

A la teneur d'un décret du 24 octobre 1859, les dispositions du titre VI du décret du 16 mars 1852 et du décret du 24 novembre suivant sont applicables aux titulaires de la Médaille commémorative de la campagne d'Italie.

V. — Médaille de Chine.

Le décret du 23 janvier 1861 a créé une médaille commémorative de l'expédition de Chine en 1860. Elle a été accordée à tous ceux qui avaient pris part à cette expédition, sur la proposition du ministre dont dépend le service auquel ils avaient été attachés. La médaille est en argent et du module de trente millimètres. Elle porte d'un côté l'effigie de Napoléon III avec ces mots : *Napoléon III, Empereur ;* de l'autre côté, en légende : *Expédition de Chine, 1860,* et en inscription les noms de *Ta-Kou — Chang-Kia-Wan — Pa-li-Kiao — Pe-King.* Le médaillon est encadré des deux côtés par une couronne de lauriers. Elle se porte sur le côté gauche de la poitrine, attachée à un ruban jaune dans lequel est tissé en bleu et en caractères chinois le nom de la ville de Pe-King.

Les dispositions disciplinaires des décrets de 1852 et de la décision du 26 février 1858 ont été étendues aux médaillés de Chine par un décret du 25 mars 1861.

Durieux.   6

VI. — *Médaille du Mexique.*

Instituée par décret du 29 août 1863 et accordée à tous ceux qui prirent part à cette expédition, sur la proposition du ministre compétent, la Médaille commémorative de l'expédition du Mexique en 1862 et 1863 est en argent et du module de 30 millimètres. Elle porte, d'un côté, l'effigie de Napoléon III avec ces mots : *Napoléon III, Empereur ;* de l'autre côté, en légende : *Expédition du Mexique 1862-1863,* et en inscription les noms de *Cumbres, Cerro-Borrego, San-Lorenzo, Puebla, Mexico.* Le médaillon est encadré des deux côtés par une couronne de lauriers. Elle doit être portée sur le côté gauche de la poitrine, suspendue à un ruban blanc avec une bande rouge et verte en croix et au milieu l'aigle mexicaine tenant un serpent dans son bec.

Sous le rapport de la discipline, le décret du 15 mars 1864 assujettit les titulaires de la Médaille du Mexique aux dispositions des décrets de 1852 et de la décision du 26 février 1858.

VII. — *Médaille Pontificale.*

En souvenir des évènements survenus dans les Etats-Pontificaux en 1867, une médaille fut décernée par le Saint-Père aux militaires du corps expéditionnaire français ayant pris part à ces évènements et débarqués dans les Etats à la date du 3 novembre 1867 inclusivement (décis. 22 févr. 1868 ; décr. 3 mars suivant). Elle a la forme d'une croix latine à quatre branches égales et 40 millimètres de hauteur. La face porte, au centre, une tiare surmontant deux clefs. Autour de ce trophée on lit les mots : *Fidei et Virtuti* ; sur la branche supérieure les lettres *P. P. ;* sur la branche inférieure la date de *1867* ; sur les branches horizontales, *Pius IX.* Le centre de l'autre face figure une croix entourée de lauriers avec l'inscription : *Hinc Victoria.* La médaille se porte suspendue à un ruban blanc moiré à bande bleu d'azur.

Un décret du 3 mars 1868 a déclaré applicables aux titulaires de la Médaille commémorative instituée par le Saint-Père les dispositions disciplinaires de l'arrêté du 24 ventôse an XII (15 mars 1804), du titre VII de l'ordonnance du 26 mars 1816, du titre VI du décret organique du 16 mars 1852, du décret du 24 novembre suivant, ainsi que les dispositions de la décision du 26 février 1858.

VIII. — *Médaille du Tonkin.*

Une loi du 6 septembre 1885 dispose qu'il est créé une Médaille commémorative de l'expédition du Tonkin et des opérations militaires dirigées contre la Chine et l'Annam, en 1883, 1884 et 1885. Postérieurement, la médaille a été concédée aux marins et militaires ayant participé, en 1893, aux opérations du Haut-Mékong et du Siam; et encore aux officiers, officiers mariniers et marins ayant appartenu à la mission de M. le lieutenant de vaisseau Simon (Circ. min. Marine, 16 juin 1894).

La Médaille du Tonkin est en argent et du module de trente millimètres. Elle porte, d'un côté, l'effigie de la République avec les mots *République Française*; de l'autre côté, en légende : *Tonkin, Chine, Annam*, et en inscription les noms des faits d'armes mémorables de *Sontay, Bach-Ninh Fou-Tchéou, Formose, Tuyen-Quan, Pescadores*, avec les dates *1883-1885*. Elle doit être portée sur le côté gauche de la poitrine, attachée à un ruban moitié vert, moitié jaune.

Les dispositions disciplinaires des décrets des 16 mars et 24 novembre 1852, 14 avril et 9 mai 1874, et celles de la décision du 26 mars 1858 ont été rendues applicables aux médaillés du Tonkin par un décret du 30 décembre 1885.

IX. — *1ʳᵉ Médaille de Madagascar.*

Il a été créé une médaille commémorative de l'expédition de Madagascar en faveur de tous les officiers, marins, soldats et volontaires ayant pris part à l'expédition (Loi du 31 juillet 1886). Cette médaille, conforme pour le module et la face à la Médaille du Tonkin, porte au revers le mot : *Madagascar* et les dates *1883-1886*. Elle est portée sur le côté gauche de la poitrine, .

suspendue par un ruban moitié vert, moitié bleu, par petites raies horizontales.

Un décret du 9 octobre 1886 applique aux titulaires de cette médaille les dispositions disciplinaires des décrets des 26 mars 1852, 24 novembre 1852, 24 avril et 9 mai 1874, ainsi que celles de la décision du 26 février 1858.

X. — *Médaille du Dahomey*.

La Médaille commémorative de l'expédition du Dahomey, créée par la loi du 24 novembre 1892, a été accordée à tous les officiers, marins et soldats qui ont participé à l'expédition ainsi qu'aux campagnes du Soudan. Elle est conforme pour le module et la face à la Médaille du Tonkin, mais porte au revers le mot : *Dahomey*. Elle est portée suspendue à un ruban moitié noir, moitié jonquille, par petites raies verticales.

Les titulaires de cette médaille ont été, par décret du 14 janvier 1893, soumis aux dispositions disciplinaires des décrets des 16 mars et 24 novembre 1852, 14 avril et 9 mai 1874, et à celles de la décision du 26 février 1858.

XI. — *Médaille coloniale*.

Instituée par l'article 75 de la loi de finances du 26 juillet 1893, la Médaille coloniale est une distinction exclusivement réservée, dit le **rapport du 6 mars 1894**,

à la commémoration des opérations militaires effec-
tuées dans les colonies françaises ou pays de protec-
torat. Un décret-rendu à cette dernière date détermine
les actions ou campagnes de guerre donnant droit à
l'obtention de cette médaille (1). Elle est conforme
pour le module et la face aux trois médailles précédentes; au revers, elle porte en légende : *Médaille
Coloniale*, et, au milieu, un globe terrestre entouré
d'attributs militaires. Le ruban est à raies blanches et
bleues verticales, et il est orné d'autant de barrettes
que le titulaire a accompli de campagnes dans des
possessions différentes.

Par un nouveau décret du 12 mai 1894, les dispositions disciplinaires des décrets des 16 mars et 24 novembre 1852, 14 avril et 9 mai 1874 et celles de la
décision du 26 février 1858 sont applicables aux titulaires de la Médaille coloniale.

XII. — *Nouvelle Médaille de Madagascar.*

À la suite de l'expédition de Madagascar de 1895,
une médaille commémorative a été instituée par la loi
du 15 janvier 1896 pour les militaires et marins ayant
pris part à l'expédition, à partir du 8 décembre 1894
jusqu'au 31 décembre 1895, et les auxiliaires sénégalais

____

(1) Pour les agrafes, voir Defaux : *Méd. comm.*, n. 73 et s. ; Brasier
et Brunet : *Les Ordres coloniaux français* (1898).

et les Kabyles qui ont accompagné le corps expéditionnaire durant la même période. La médaille ainsi créée est conforme pour le métal et le module à la première Médaille de Madagascar ; le verso porte des attributs rappelant la collaboration des troupes de la Guerre et de la Marine. Le ruban est également conforme, pour les couleurs et leur disposition, au ruban de l'ancienne médaille, mais une agrafe portant le millésime « 1895 » lui a été adapté.

Le décret du 20 février 1896 a rendu applicables aux titulaires de cette médaille les dispositions disciplinaires des décrets des 16 mars et 24 novembre 1852, 14 avril et 9 mai 1874, ainsi que celles de la décision du 26 février 1858.

Section IV.

Porteurs de décorations étrangères.

L'exercice du pouvoir disciplinaire s'applique, en outre, aux Français autorisés par décret du Chef de l'État à porter des décorations étrangères (1).

---

(1) La Médaille de la valeur militaire de Sardaigne, accordée à 8,000 militaires français par S. M. le roi de Sardaigne, à l'occasion de la campagne d'Italie (décr. 10 juin 1857 et 23 mars 1860), n'est pas une médaille commémorative, mais bien une décoration étrangère ; et les dispositions de l'art. 13 du décret du 10 juin 1853 doivent être observées à l'égard des titulaires de cette médaille (Note min. 3 mai 1861. *Journal militaire officiel*, 1861, 1er sem., p. 378).

Le décret du 18 juin 1853 a reproduit, en les complétant, les règles posées par les ordonnances des 26 mars 1816 (art. 67 et 69) et 16 avril 1824 : tout Français qui obtient des ordres étrangers doit recevoir du Président de la République l'autorisation de les accepter et de les porter ; mais, pour ceux qui ont été autorisés, le droit de porter les insignes de ces ordres peut être, aux termes de l'article 13 du dit décret, suspendu ou retiré dans les cas et selon les formes déterminés pour les membres de la Légion d'honneur. Les dispositions disciplinaires des lois, décrets et ordonnances sur la Légion d'honneur sont ainsi étendues aux Français autorisés à porter des ordres étrangers.

Pareillement, le décret du 14 avril 1874 a été, par décret du 9 mai suivant, rendu applicable aux mêmes personnes.

Bien plus, la suspension ou la privation des droits et prérogatives attachés à la qualité de légionnaire ou de médaillé militaire emportent la suspension ou le retrait définitif de l'autorisation de porter les insignes d'un ordre étranger quelconque. Par voie de conséquence la sanction sera identique : tout individu ayant encouru l'une de ces deux peines disciplinaires, et qui continuerait de porter les insignes, serait poursuivi et puni conformément à l'article 259 du Code pénal (décr. 24 nov. 1852, art. 7 et 9).

Section V.

Titulaires d'Ordres coloniaux.

Une dernière catégorie de personnes justiciables de la juridiction disciplinaire de la Légion d'honneur concerne les membres des Ordres coloniaux français. Aux termes de l'article 3 du décret du 23 mai 1896, en effet, les dispositions de l'article 13 du décret du 10 juin 1853 et celles du décret du 9 mai 1874 sont applicables aux titulaires des Ordres coloniaux.

Les nominations dans ces ordres sont accordées par décision présidentielle, sur le rapport du Ministre des Colonies, et après avis du Conseil de l'Ordre de la Légion d'honneur ; elles sont insérées au *Bulletin officiel des colonies*. Il y a actuellement cinq Ordres coloniaux reconnus et organisés par le Gouvernement français (décr. des 10 mai, 23 mai et 12 septembre 1896 ; décr. des 12 janvier et 29 novembre 1897). Tous comprennent des chevaliers, des officiers, des commandeurs, des grands officiers et des grands croix ; sauf l'Ordre de l'Etoile noire qui comporte deux classes de commandeurs, mais pas de grands officiers. Enfin, un décret du 5 décembre 1899 a fixé les couleurs des rubans des décorations coloniales, et le port de ces nouveaux rubans sera seul autorisé à dater du 1er mai 1900.

Voici maintenant la liste de ces ordres (1) :

I. — *Ordre impérial du Dragon de l'Annam.*

La décoration, d'argent ou d'or et de diamètre variable, selon le grade, consiste en une étoile à huit branches, avec médaillon central et pyramides en relief,
surmontée d'une couronne impériale ; un dragon
émaillé vert prend la couronne en formant anneau ; le
médaillon est à fond émail bleu de ciel, avec listel en
émail rouge serti d'or : il porte en relief quatre caractères « Dong-Khang Hoang-Dê », et quatre motifs y
représentent des soleils héraldiques annamites rayon-
nants. Le ruban est à fond vert bordé de chaque côté
d'un liséré orange (sans distinction pour les civils et
les militaires).

II. — *Ordre royal du Cambodge.*

L'insigne figure une étoile à huit branches à petits
rayons intermédiaires et à facettes taillées, surmontée
d'une couronne royale. Les armes du roi sont au
centre : elles sont en or, découpées sur un fond violet
et entourées d'un ovale limité par deux filets or enca-
drant un émail rouge. La décoration est en argent ou
en or, suivant les grades. Le ruban est à fond blanc
bordé de chaque côté d'un liséré orange de deux
onzièmes de la largeur du ruban.

(1) Bibliogr. : Brasier et Brunet : *Op. cit.*

III. — *Ordre royal de l'Etoile Noire du royaume de Porto-Novo.*

La décoration, d'argent ou d'or et de diamètre variant avec le grade, est une croix d'émail blanc à quatre rayons doubles bordés de bleu et séparés par des rayons ; au centre, se trouve une étoile d'émail noir à cinq rayons simples. Une couronne de branches de chêne et de laurier la surmonte. Le ruban est moiré bleu pâle.

IV. — *Ordre du Nichan-el-Anouar du Sultanat de Tadjourah.*

La forme de la décoration est une étoile à dix branches d'argent reliées par des étoiles d'or ; il y a, au centre, une étoile d'argent sur fond bleu. Une couronne royale et un croissant surmontent le tout. Le ruban est à fond bleu foncé, bande verticale blanche, au centre, du tiers de la largeur du ruban (sans distinction pour la section extérieure et la section intérieure).

V. — *Ordre royal de l'Etoile d'Anjouan (Comores).*

La décoration est une étoile d'argent ou d'or à huit rayons doubles, surmontée d'un anneau. Le centre émaillé de blanc présente, d'un côté, un croissant

surmonté d'une main et, de l'autre côté, les mots :
Sultanat d'Anjouan. Le diamètre de l'étoile varie avec
les grades. Le ruban est à fond bleu pâle, bordé de
chaque côté de deux lisérés orange de un vingtième
de la largeur du ruban ; le premier liséré à un
vingtième du bord du ruban, le deuxième à un
vingtième du premier.

Section VI.

Des Étrangers.

Le Conseil de l'Ordre a toujours admis que les
légionnaires étrangers sont soumis à la même législation disciplinaire que les Français.

La qualité de Français, n'est pas nécessaire, en effet,
pour faire partie de l'Ordre. Dans sa séance du 3
prairial an XII (23 mai 1804), le Grand Conseil de la
Légion avait décidé que les Etrangers nommés membres de la Légion d'honneur seraient admis et non
reçus, qu'ils ne prêteraient pas le serment et ne seraient
pas compris dans le nombre fixé pour les divers grades.
L'article 7 du décret du 16 mars 1852 n'a fait que
reproduire ces dispositions et il leur reconnaît la
faculté d'obtenir de prime abord les grades élevés de
l'Ordre.

En ce qui concerne les étrangers résidant habituellement en France ou y exerçant une profession, un
commerce ou une industrie quelconques, la loi du 4

juillet 1890 (1) dispose qu'ils sont, pour les nominations ou promotions, soumis à toutes les conditions imposées aux citoyens français par les statuts de la Légion d'honneur, ainsi que par les lois, décrets et règlements qui en déterminent l'application. Au point de vue disciplinaire, ils sont traités sur le même pied que les nationaux. Citons le passage suivant du rapport de M. Isaac au Sénat (2) : « Il doit être entendu que les » pouvoirs disciplinaires du Conseil de l'Ordre qui lui » sont attribués relativement aux faits touchant à » l'honneur et à la considération des individus s'exer- » ceront, au besoin, à l'égard des étrangers que la loi a » en vue. Il en est ainsi d'autant plus nécessairement » que ces pouvoirs ont un caractère général et peuvent » s'appliquer, d'après l'art. 3 du règlement d'adminis- » tration publique du 14 avril 1874, même aux actes » commis par les légionnaires étrangers résidant à » l'étranger. Votre Commission, sur ces points, s'est » associée à la distinction établie par la Chambre des » Députés entre les deux catégories d'étrangers. Mais

---

(1) Proposition de loi Léon Lalanne au *Sénat* (18 nov. 1886) ; Rapport sommaire par M. Roger Marvaise (9 déc. 1886) ; Rapport de M. l'Amiral Jaurès (15 février 1887) ; 1re délibération (26 février), 2e délibération et adoption (7 mars) ; Transmission à la *Chambre des Députés* de la proposition adoptée par le Sénat (12 mars 1887) ; Représentation à la 5e législature (25 nov. 1889) ; Rapport par M. de la Ferronnays, (12 juin 1890) ; discussion et adoption (16 juin) ; Retour au *Sénat* (17 juin) ; Rapport par M. Isaac (24 juin) ; adoption (1er juillet). — Loi du 4 juillet 1890.

(2) *Journal officiel*, Doc. parlres, Sénat, session de 1890, p. 185.

» faudrait-il aller, par rapport aux étrangers établis en
» France, jusqu'à supprimer toute différence entre la
» décoration au titre français et la décoration au titre
» étranger ? Faudrait-il considérer, par exemple,
» comme abrogée, cette disposition du décret du 16
» mars 1852 en vertu de laquelle les étrangers sont
» admis et non reçus ? La Commission ne l'a pas cru ;
» elle n'a pas cru non plus que telle eût été la volonté
» de la Chambre des Députés. Les actes organiques de
» la Légion d'honneur imposaient aux récipiendaires
» un serment dont la formule impliquait une promesse
» de dévouement absolu à la patrie française. L'obligation
» du serment est au moins tombée en désuétude (1); mais
» ce qui subsiste, c'est l'engagement moral que contracte
» le Français, par le seul fait de son entrée dans l'Ordre
» national, de servir toujours la France avec abnégation
» et fidélité, d'être en toutes circonstances un bon
» citoyen. On ne peut pas demander à un étranger
» d'être toujours fidèle à une patrie qui n'est pas la
» sienne, pas plus qu'on ne peut exiger de lui la pro-
» messe de se consacrer tout entier au bien de l'État
» français. Mais en dehors de cette sorte d'impossibilité,
» qui résulte de la condition même de l'étranger, il y
» d'autres parties de la législation en vigueur qui,
» pour des raisons de même nature, sont nécessairement
» spéciales aux légionnaires français. Cette disposition

(1) Nous avons constaté déjà l'abrogation de ce serment.

» serait évidemment, dans certains cas, sans application
» possible à un étranger. Il faut donc admettre que la
» loi n'a pas pour objet de statuer sur de pareilles
» situations et d'établir une assimilation absolue entre
» les Français et un groupe d'étrangers, au point de
» vue de la Légion d'honneur. »

Quant aux étrangers décorés d'ordres étrangers, ils ne sont pas justiciables du Conseil de l'Ordre ni du grand chancelier. C'est essentiellement une affaire de police intérieure et de dignité nationale. Nous verrons qu'aux termes de l'art. 1er du décret du 24 novembre 1852, applicable aux Ordres étrangers, tout individu condamné à une peine infamante doit être déclaré déchu du droit de porter ses décorations ; et la Cour de Cassation, par un arrêt du 27 mai 1876 (1), a justement décidé qu'il n'y a pas à tenir compte, à cet égard, de l'autorisation préalable ou du refus de ces décorations, le condamné qui a manqué au devoir de se faire autoriser ne pouvant prétendre à une meilleure situation que celui qui l'avait rempli. On peut se demander, remarque M. Ernest Lehr (2), si ces dispositions sont applicables aux étrangers porteurs d'ordres étrangers,

___

(1) S. 1876. 1. 387. — D. 1877. 1. 192.

(2) Le port des décorations au point de vue international, article au *Journal du Droit International privé*, 1887, p. 302. — Adde : Cass. 25 mars 1899, *Bull.* cass. crim. 1899, n° 65, p. 97. Les étrangers séjournant en France n'ont besoin d'aucune autorisation pour porter les décorations à eux conférées par les gouvernements étrangers.

qui seraient condamnés en France à une peine infamante. Il va sans dire que les tribunaux français ne pourraient les frapper d'une interdiction qu'en tant qu'il s'agit du territoire français ; leur sentence serait à considérer comme non avenue au-delà de la frontière. Mais, sous cette réserve, nous estimons avec cet auteur, que l'étranger se trouvant dans ces conditions doit subir le même sort que le regnicole et être frappé des mêmes déchéances, bien que la loi, faite pour les cas ordinaires, ne prévoie pas expressément cette hypothèse et se préoccupe essentiellement des nationaux. La raison de décider et l'intérêt public sont exactement les mêmes pour les étrangers que pour les nationaux ; il ne faut pas qu'un homme flétri par la justice française puisse se parer sur un territoire français d'une marque honorifique et induire par là même les tiers en erreur sur son honorabilité. La sentence de déchéance sera d'autant plus indispensable si l'ordre dont le condamné était porteur a un ruban pouvant le faire confondre avec une décoration française.

Section additionnelle.

Distinctions honorifiques diverses.

Les distinctions honorifiques, autres que la Légion d'honneur qui récompense tous les services et pour laquelle des propositions sont faites par chaque ministre et par le grand chancelier, ne récompensent, comme la Médaille militaire et les médailles commémoratives, que des mérites d'une nature spéciale, sur la proposition de Départements ministériels déterminés. Telles sont les palmes universitaires (officiers d'académie et de l'instruction publique), les médailles d'honneur, les médailles de sauvetage, les médailles forestières, les médailles pour les services rendus aux sociétés de secours mutuels, ou celles décernées aux artistes à la suite d'expositions des Beaux Arts.

Les titulaires de ces distinctions, qui d'ailleurs ne constituent pas des ordres, tombent-ils sous le coup de notre action disciplinaire? Une assimilation à ce point de vue est-elle possible? En l'absence de texte prévoyant l'exercice d'un pouvoir disciplinaire, il faut répondre à cette question par la négative. Le Conseil de l'ordre, ses droits n'étant pas définis à cet égard, est incompétent pour connaître de leurs affaires; et le Chef de l'Etat, ne conférant point ces distinctions, n'a pas à intervenir pour les retirer ou en suspendre l'exercice. « Lorsque l'acte qui institue une décoration, disait le 2 juillet 1883 M. Aucoc au Conseil de l'Ordre, n'a pas prévu l'exercice du pouvoir disciplinaire ou qu'un acte postérieur ne l'a pas complété en ce sens, le pouvoir disciplinaire ne peut pas s'exercer. Il est impossible, en effet, de dire qu'il en est d'une décoration comme d'un emploi et que l'autorité qui l'accorde a le droit de la retirer à son

Durieux.   7

gré. Il y a là un droit acquis dont on ne peut être privé que dans des cas et avec des garanties prévues par la législation. Le Conseil a bien vu qu'il est toujours intervenu des dispositions législatives ou réglementaires pour organiser le pouvoir disciplinaire et que l'extension des mesures édictées pour la Légion d'honneur n'a jamais été considérée comme possible sans un acte spécial. Ces actes d'assimilation sont, il est vrai, de simples décrets et non des lois, tandis que pour la Légion d'honneur la base du pouvoir disciplinaire est dans des actes qui ont force de loi ; mais jamais la légalité des simples décrets d'assimilation n'a été contestée. Or, la législation spéciale est muette. Il semble donc que la solution ne puisse être douteuse.

» Quant à la jurisprudence, il y a un seul précédent. Le 6 novembre 1872, le Conseil de l'Ordre, après discussion, a tranché la question négativement en ce qui concerne les médailles de sauvetage décernées par le Ministre de l'Intérieur.

» On pourrait, il est vrai, tirer une raison de douter d'un autre précédent relatif aux médailles de sauvetage décernées par les gouvernements étrangers. Dans la séance du 5 juillet 1875, le Conseil de l'Ordre a pensé qu'il y avait lieu d'assimiler ces médailles de sauvetage aux décorations proprement dites au point de vue de l'obligation imposée aux citoyens français de ne pas accepter de décoration étrangère sans l'autorisation du Gouvernement. Mais on voit facilement que le motif qui a guidé le Conseil est tout spécial à la nature des rapports du Gouvernement français avec les Gouvernements étrangers. On ne peut conclure de là que les médailles honorifiques sont de plein droit et à tous les points de vue, y compris l'exercice du pouvoir disciplinaire, assimilées à la décoration de la Légion d'honneur.

En résumé, nous pensons que les mesures disciplinaires organisées par la législation sur la Légion d'honneur, ne peuvent s'étendre aux autres décorations ou marques de distinction qu'en vertu d'un texte de loi ou de règlement spécial. » (Avis conforme du Conseil, même séance). Mais il serait, à notre avis, souhaitable que les distinctions honorifiques de toute nature fussent assujetties aux mêmes dispositions sous le rapport de la discipline. Soit un légionnaire exclu de l'Ordre, rayé par conséquent des matricules de Médaille militaire et privé définitivement du droit de porter toute médaille commémorative, ainsi que les décorations coloniales ou étrangères dont il peut être titulaire ; il conserve pourtant toutes les autres médailles honorifiques qui lui ont été décernées. L'unité de réglementation de l'action disciplinaire à l'égard de toutes les marques de distinction ferait cesser cette choquante disparate, ce résultat étrange et inélégant.

Nous devons mentionner enfin qu'à côté de l'Ordre du Mérite agricole, créé par décret du 7 juillet 1883 dans le but de récompenser les services rendus à l'Agriculture, fonctionne un Conseil spécial (Décr. 27 juil. 1896), chargé de donner son avis sur tous les cas de radiation qui peuvent se produire, et d'une manière générale sur tous les faits susceptibles de provoquer une mesure disciplinaire à l'égard des chevaliers et des officiers de cet Ordre.

Voici, avec la date des décrets disciplinaires qui les concernent, le tableau des décorations auxquelles sont applicables les dispositions que nous étudions :

DÉCORATIONS	DATES DES DÉCRETS DISCIPLINAIRES
Légion d'honneur	16 mars et 24 novembre 1852. 14 avril 1874. 27 janvier 1899.
Médaille militaire	24 novembre 1852. 9 mai 1874. 27 janvier 1899.
Médailles Commémoratives :	18 mars 1899.
Médaille de Crimée — *de la Baltique* — *de Sainte-Hélène*	Déc. et décis. 26 février 1858. 9 mai 1874.
Médaille d'Italie	24 octobre 1859. 9 mai 1874.
Médaille de Chine	25 mars 1861. 9 mai 1874.
Médaille du Mexique	15 mars 1864. 9 mai 1874.

Médaille pontificale	3 mars 1868. 9 mai 1874.
Médaille du Tonkin	30 décembre 1885.
Médaille de Madagascar	9 octobre 1886.
Médaille du Dahomey	14 janvier 1893.
Médaille Coloniale	12 mai 1894.
Médaille de Madagascar (Expédition de 1895)	20 février 1896.
Décorations étrangères	10 juin 1853. 9 mai 1874. 18 mars 1899.
Ordres coloniaux	23 mai 1896. 18 mars 1899.

Il ne sera question d'ordinaire, pour la commodité
de nos explications, que des membres de la Légion
d'honneur; mais il va sans dire que les mêmes dévelop-
pements peuvent s'appliquer aux titulaires de toutes
ces diverses décorations.

CHAPITRE III

FONDEMENT DE L'ACTION DISCIPLINAIRE

Nous examinerons successivement, dans trois sections distinctes, quels faits sont disciplinairement répréhensibles.

Section I

Des faits répréhensibles antérieurs à la décoration

A propos des caractères généraux de l'action disciplinaire, nous avons constaté qu'il n'y a pas à tenir compte du lieu où les faits ont été commis. Sans limitation dans l'espace, l'action est-elle limitée dans le temps ? Autrement dit, le principe de la non-rétroactivité des lois reçoit-il en notre matière son application ? Le Conseil d'Etat a décidé, le 26 mai 1876, que ce principe (1) ne pouvait être invoqué contre des décisions qui avaient exclu des légionnaires condamnés correctionnellement à l'amende, bien que la condamnation fût antérieure à l'abrogation de l'article 5 du

(1) Lefebvre-Duruflé, Randoing et de Coëtlogon.

décret du 24 novembre 1852. Quant à la nouvelle règlementation disciplinaire de la loi de 1873 et du décret de 1874, il a jugé (1) qu'elle ne saurait avoir d'effet rétroactif et que le pouvoir disciplinaire ainsi créé n'était pas applicable aux faits antérieurs ; il annulait, en conséquence, l'exclusion qui avait été prononcée.

Cette décision est en désaccord absolu avec l'arrêt solennel de la Cour de cassation, statuant en matière de discipline judiciaire, que nous avons noté dans notre Introduction ; et malgré l'autorité qui s'attache à un arrêt du Conseil d'Etat, nous estimons, avec M. Delarbre, que l'avis du Conseil de l'Ordre relatif à cette affaire Brissy soutenait la véritable doctrine et qu'on aurait pu invoquer ici les considérants de l'arrêt de la Cour de cassation de 1852 (2).

Cependant la théorie de ce dernier arrêt a été confirmée par le Conseil d'Etat lui-même, lorsque les faits présentent un caractère successif et permanent et dont les effets se sont continués postérieurement à 1874 : « Considérant que si, par la date à laquelle ils ont été commis, les faits reprochés à V... remontent à une époque antérieure au décret du 14 avril 1874, il résultait de l'instruction qu'ils présentaient un caractère successif et que leurs effets s'étaient continués posté-

(1) Arrêt du 13 mai 1881 (Brissy).
(2) Delarbre, *op. cit.*, p. 119.

rieurement au décret précité ; qu'il suit de là que le Président de la République a pu, sans excès de pouvoir, faire application au requérant des dispositions de ce décret et que dès lors le pourvoi doit être rejeté comme mal fondé... (1) ». Ainsi qu'on l'a remarqué, un fait d'indélicatesse ou d'inconduite porte atteinte à l'honneur aussi longtemps qu'il produit des effets ; il y porte même une atteinte d'autant plus grave que ses effets se produisent plus longtemps (2).

Les fautes antérieures à la décoration sont-elles passibles de l'action disciplinaire alors que la décoration se trouve définitivement acquise ? La question a déjà été effleurée en parlant de la réception dans l'Ordre. Nous avons marqué, en effet, toute l'importance de cette formalité, telle que l'ont réglée les textes : tant que le légionnaire n'a pas été reçu, sa croix peut lui être retirée par le Ministre même qui la confère, puisque le candidat nommé, mais non encore reçu, ne relève pas du Conseil de l'Ordre. La nomination constitue, au contraire, un titre irrévocable s'il a été procédé à la réception. Dès ce moment, aucune décoration ne peut plus être retirée pour cause d'erreur sur les mérites de qui l'a obtenue. Les renseignements défavorables recueillis alors sur ses antécédents, la découverte dans son passé de faits déplorables qui,

(1) Arrêts 26 janvier 1877 (Vincent) et 9 février 1877 (Pichat).
(2) Le Vavasseur de Précourt, *op. cit.* p. 316.

plus tôt connus, eussent empêché la nomination demeurent sans effet. L'erreur n'est point réparable par l'exercice du pouvoir disciplinaire ; l'ignorance de détails qui sans doute y eussent fait obstacle ne permet plus de rapporter le décret de nomination.

Cette solution nous paraît aujourd'hui certaine. Pourtant, devant le silence des textes, la jurisprudence du Conseil n'a pas toujours été univoque dans sa réponse à cette délicate question ; et l'on peut discerner deux phases, l'une antérieure à 1873 où elle se prononçait résolument pour l'affirmative, et l'autre postérieure à cette date où se produisit, sous l'influence du Conseil d'Etat, un revirement complet en faveur de la négative.

Il était admis, en effet, dans la première période, qu'un légionnaire pouvait être exclu de l'Ordre par le simple retrait du décret qui l'avait décoré. Un certain nombre de nominations furent ainsi rapportées, même postérieurement à la réception, en raison de condamnations précédentes qui rendaient les titulaires inhabiles à recevoir une distinction honorifique. Jaloux de sauvegarder la dignité de la Légion d'honneur et d'écarter tout repris de justice, ne voulant conserver que des membres exempts de tout reproche, indemnes de toute condamnation, le Conseil de l'Ordre ne tenait aucun compte des dates. Il proscrivait notamment ceux qui, pour actes de bravoure pendant la guerre de 1870, avaient été décorés hâtivement, un peu à la légère, sans enquête sur le passé, sans vérification des antécédents ou de la moralité parfois contestable. Comment admettre, par exemple, qu'un individu conservât la croix obtenue par faux et déclarations mensongères, par des moyens frauduleux employés pour cacher un passé malpropre ? Aussi le Conseil ne croyait-il pas excéder ses pouvoirs en émettant un avis de radiation sanctionné par un décret qui rapportait purement et simplement le décret de nomination. Rien ne lui semblait plus régulier que de revenir sur une erreur dûment constatée et de faire intervenir le pouvoir disciplinaire qui, provoquant l'exclusion, répare le mal de l'admission. Son argument pourrait être conçu ainsi : le Gouvernement n'aurait pas accordé la décoration s'il avait exactement connu les antécédents ; la nomination est le résultat d'une surprise ou d'une erreur, et, nulle dans son principe, elle ne saurait produire aucun effet. Cette règle rigoureuse n'admettait que de très rares exceptions, lorsqu'il existait des circonstances particulièrement atténuantes. — Cette manière de voir est d'ailleurs générale en matière de discipline. L'action disciplinaire peut s'exercer, dit-on, pour des faits antérieurs à l'admission de celui qui y est soumis, pour les souillures dont il s'est couvert avant d'appartenir au corps dans le sein duquel il est entré ; et aucune corporation ne voudrait laisser impunie une action répréhensible qui, quoique commise anciennement, compromet dès qu'elle est révélée l'honneur d'un de ses membres et par suite la considération de la compagnie qui est en quelque sorte solidaire (1).

Depuis 1873, à la suite de trois arrêts du Conseil d'Etat (2), la doctrine contraire a cependant prévalu. Aucune disposition légale n'autorisant après la réception la révocation de la nomination d'un légionnaire à raison de l'erreur qui aurait été commise dans l'appréciation de ses titres à la décoration et les causes d'exclusion ayant été déterminées par des textes spéciaux, les radiations prononcées furent déclarées illégales. C'est cette doctrine qui est, croyons-nous, la plus raisonnable.

Avec l'ancienne jurisprudence, en effet, le légionnaire n'est jamais assuré, malgré l'honorabilité de sa vie présente, de ne pas être dégradé un jour ou l'autre; comme une épée de Damoclès la déchéance le menace; on laisse la porte ouverte à la révision de toutes les décorations, il n'y a aucune stabilité. Un personnage devenu hostile, par exemple, se verrait enlever sa croix *de nutu* pour des causes, non prescrites sans doute, puisqu'il n'existe pas ici de prescription, mais futiles peut-être et ne justifiant pas toujours une si grave mesure qui porterait une irrémédiable atteinte à sa considération. Ces abus ne sont pas à craindre avec

(1) Morin, *op. cit.* II. n. 647, p. 190.

(2) 30 mai (Burgues) et 11 juillet 1873 (Pignot), *Rec.* 1873, p. 490, 635. — 12 nov. 1875 (Maréchal) *Rec.* 1875, p. 889. — Sic : Médaille militaire, arrêt du 12 janv. 1877 (Weiss), *Rec.* 1877, p. 54.

la nouvelle jurisprudence. Un Ministre s'est trompé pour avoir été insuffisamment renseigné, ou a été trompé. L'erreur est regrettable indubitablement ; mais elle doit être maintenue. Il y a en quelque sorte une présomption *juris et de jure* que le Gouvernement a apprécié les titres à bon escient, qu'il a pris sa résolution en pleine connaissance de cause. Cette présomption protège le légionnaire, et rien de ce qui est antérieur ou contemporain à la réception ne peut venir désormais à l'encontre de la nomination. Comme l'a très bien dit M. Aucoc, le scandale d'une erreur isolée a des inconvénients moins graves que la reconnaissance du droit de remettre toutes les décorations en question sous prétexte d'erreurs. Il faudrait plus encore déplorer que les distinctions honorifiques puissent être retirées pour cause d'erreur sur les titres et mérites de celui qui les a obtenues. Où s'arrêterait l'application de ce principe ? (1)

Quelle est d'ailleurs la règle qui n'ait son côté faible et ne favorise parfois l'injustice ? La prescription, par exemple, que nos vieux juristes qualifiaient de *patrona generis humani,* est bien un instrument de paix sociale, malgré ses dangers de spoliation. Tout justifie donc la solution donnée par le Conseil d'Etat et les inconvénients possibles de son système sont certainement compensés par ses avantages.

(1) Aucoc (1890) p. 27 ; (1895) p. 13.

Nous signalerons seulement une particularité concernant un individu décoré alors qu'il était déjà en faillite. Le décret du 24 novembre 1852 reste néanmoins applicable : le légionnaire sera suspendu aussi longtemps qu'il n'aura pas été réhabilité. En effet, il ne s'agit pas d'une condamnation qui serait antérieure à la nomination et qui serait couverte par cette nomination même. Il y a là un état qui persiste, celui de failli. Le Conseil de l'Ordre trouve un légionnaire dans cette situation et lui applique naturellement la loi. La nomination faite est régulière ; seulement ses effets ne peuvent partir que du jour où le failli nommé chevalier aura été réhabilité.

Hormis ce cas, l'action disciplinaire de la Légion d'honneur ne s'exerce, en définitive, que pour des faits postérieurs à la décoration ou du moins, s'il n'y a pas eu condamnation, pour des faits contraires à l'honneur dont les conséquences ont persisté après la décoration définitivement acquise. Ainsi l'individu qui a surpris une croix dont il était indigne échappera à notre action. On attendra seulement qu'il subisse une nouvelle condamnation ou qu'il commette des actes attentatoires à son honneur. Mais si la conduite actuelle, sans être parfaitement bonne, ne présente aucun fait grave, il n'y a pas lieu de suivre disciplinairement contre lui.

Section II.

Peines disciplinaires encourues de plein droit.

Il importe de distinguer entre le cas de radiation et celui d'une simple suspension.

§ 1. — *Radiations de plein droit.*

a) Aux termes de l'article 38 du décret organique du 16 mars 1852, la qualité de membre de la Légion d'honneur se perd par les mêmes causes que celles qui font perdre la qualité de citoyen français. En conséquence, tout individu qui a perdu la qualité de Français est rayé des matricules de l'Ordre à la diligence du grand chancelier de la Légion d'honneur le Conseil de l'Ordre préalablement entendu (Décr. 24 nov. 1852, art. 1er 1°).

Les causes qui entraînent la perte de la qualité de Français, et, par voie de conséquence, celle de la qualité de membre de la Légion d'honneur, sont énumérées par la loi du 26 juin 1889 sur la nationalité (C. civ. art. 17).

Perdent ainsi la qualité de légionnaire :

1° Le Français naturalisé à l'étranger ou celui qui acquiert, sur sa demande, la nationalité étrangère par l'effet de la loi. Il y a bien de sa part une renonciation implicite à la nationalité française et aux droits qui y sont attachés. Décoré pour des services rendus à sa patrie, il n'a plus de titres à conserver sa décoration.

2° Le Français qui a décliné la nationalité française dans les cas prévus au paragraphe 4 de l'article 8 et aux articles 12 et 13 du Code civil. S'il opte pour la nationalité étrangère dans l'année qui suit sa majorité, il perd nécessairement la qualité de Français, et celle par conséquent de membre de la Légion d'honneur.

3° Le Français qui, ayant accepté des fonctions publiques conférées par un gouvernement étranger, les conserve nonobstant l'injonction du Gouvernement français de les résigner dans un délai déterminé. Notons en passant la différence qui existe avec l'acceptation faite par un Français de titres honorifiques non héréditaires n'imposant aucun service effectif: on ne saurait considérer celle-ci comme entraînant la perte de la qualité de Français; le Français peut recevoir des décorations étrangères, sauf à obtenir du Chef de l'Etat français l'autorisation de les accepter et de les porter en France.

4° Le Français qui, sans autorisation du Gouvernement, prend du service militaire à l'étranger. « La politique, l'intérêt de la nation, celui de nos alliés peuvent exiger que des Français aillent servir dans les armées étrangères, disait le tribun Gary au corps législatif. Ceux qui partent avec l'autorisation du Gouvernement sont irréprochables; mais ceux-là sont coupables qui n'ont point cette autorisation: ils se placent dans une position qui peut devenir hostile envers leurs pays et s'exposent à porter les armes contre leur patrie. » L'autorisation régulière du Gouvernement français empêchera donc l'application de la peine réservée aux transfuges, puisque le Français manifeste ainsi son intention de rester fidèle à sa patrie. Mais il a été jugé par la Cour de cassation que l'article 21 du Code civil ne saurait s'appliquer au Français qui, résidant dans un pays où éclate une guerre civile, s'y fait porter sur les rôles d'une compagnie de volontaires, simple milice sans aucun caractère de troupe belligérante et ayant pour objet la défense des personnes et des biens des habitants contre les excès d'un des partis engagés dans la lutte (1).

5° La femme française qui épouse un étranger suit la condition de son mari, à moins que son mariage ne lui confère pas la nationalité de son mari, auquel cas elle reste Française.

6° Les habitants d'une portion du territoire français qui a été démembrée soit par un traité soit par une conquête perdent la qualité de Français.

7° Enfin le Français qui possède ou trafique des esclaves même en pays étranger (Décr. 27 avril 1848, art. 8. combiné avec la loi du 28 mai 1858) est également déchu de la qualité de Français.

b) La radiation des matricules de l'Ordre a lieu,

____

(1) Cass. 30 avril 1890, S. 91, 1, 228.

dans la même forme, dit l'article 1er al. 2 du décret du 24 novembre 1852, sur le vu de tout jugement rendu contre un membre de l'Ordre et portant condamnation à une peine afflictive ou infamante ou emportant la dégradation militaire.

Et d'abord, la condamnation à une peine afflictive ou infamante fait perdre de plein droit au condamné (1) la qualité de membre de la Légion d'honneur. La privation du droit de porter aucune décoration est formellement énumérée par l'article 34 du Code pénal parmi l'ensemble indivisible des déchéances de la dégradation civique, qui constitue une peine quelquefois principale en matière criminelle, mais ordinairement une peine accessoire de diverses autres peines classées dans la même catégorie ; des travaux forcés, de la détention, de la réclusion et du bannissement. Cette privation se produit *ipso jure*, comme un appoint de pénalité que la loi ajoute, de sa propre autorité, à la peine principale établie comme moyen direct de la répression. C'est une conséquence encourue de plein droit, à partir du jour où la condamnation est devenue irrévocable, si la condamnation est contradictoire ; et cinq ans après l'exécution par effigie, si la condamnation est par contumace. Sans doute les procureurs généraux

(1) Mis hors la loi, il s'est mis par là même hors des cadres de la Légion d'honneur et encourt ainsi comme une double excommunication : « Voilà donc quel est l'effet social de la condamnation ; c'est une sorte d'excommunication sociale et c'est en cela qu'elle déshonore. » Saleilles : *L'individualisation de la peine,* p. 238.

Durieux.   8

auprès des cours d'appel et les rapporteurs auprès des conseils de guerre ne peuvent faire exécuter aucune peine infamante contre un membre de la Légion qu'il n'ait été dégradé ; et, pour cette dégradation, le président de la Cour d'appel, sur le réquisitoire de l'avocat général, ou le président du Conseil de guerre, sur le réquisitoire du rapporteur, prononce immédiatement après la lecture du jugement la formule suivante : « Vous avez manqué à l'honneur : je déclare, au nom » de la Légion, que vous avez cessé d'en être membre », ou, en cas de condamnation emportant la dégradation d'un décoré de la Médaille militaire : « Vous avez » manqué à l'honneur : je déclare que vous cessez d'être » décoré de la Médaille militaire (1) ». D'ailleurs, la déchéance n'en est pas moins encourue de plein droit comme conséquence attachée légalement au fait de la condamnation. La déclaration de dégradation n'est qu'une formalité accessoire dont l'omission ne rend point nul l'arrêt ou le jugement de condamnation (2).

En second lieu, la radiation se produira sur le vu de tout jugement emportant la dégradation militaire. La dégradation militaire est tantôt peine principale, tantôt conséquence légale des travaux forcés, de la déportation, de la détention, de la réclusion et du bannisse-

---

(1) Décr. 16 mars 1852, art. 42 et 43 ; Décr. 24 nov. 1852, art. 6.

(2) Cass. 14 avril 1815 (Leclerc). S. 1815 I. 309. — *Journal des Audiences*, 1815, p. 279. Les art. 42 et 43 du décret du 16 mars 1852 ont reproduit les art. 5 et 6 de l'arrêté du 24 ventôse an XII.

ment. Celui qui doit la subir est conduit devant la troupe sous les armes. Après la lecture du jugement, le commandant prononce à haute voix ces mots : N... N... (nom et prénoms), vous êtes indigne de porter les armes ; au nom du peuple français, nous vous dégradons ». Aussitôt après, tous les insignes militaires et les décorations dont le condamné est revêtu sont enlevés ; et s'il est officier, son épée est brisée et jetée à terre devant lui. La dégradation militaire entraîne la privation de grade, l'incapacité absolue de servir dans l'armée à quelque titre que ce soit, la dégradation civique, la privation du droit de porter aucune décoration et la déchéance de tout droit à pension et à récompense pour les services antérieurs (Code de justice militaire, art. 190).

Aux termes de l'article 138 du même Code, si le condamné est membre de la Légion d'honneur ou décoré de la Médaille militaire, le jugement déclare, dans les cas prévus par la loi, qu'il perd cette qualité ; de même, pour les titulaires des médailles commémoratives. Cette mention est une partie intégrante du jugement ; elle est une des conséquences de la condamnation à la peine principale et doit être notifiée au condamné en même temps et dans la même forme que la première partie du jugement. « On ne saurait induire des articles 43 du décret du 16 mars 1852 et 6 du décret du 24 novembre suivant, que la déclaration d'exclusion dont il s'agit doit être rendue en présence du condamné ; car il est évident que, lors de la rédaction de ces décrets, on avait perdu de vue que, contrairement à ce qui se pratique devant les tribunaux ordinaires, les accusés ne sont pas présents à l'audience des conseils de guerre au moment du prononcé du jugement, et puisqu'ils n'en ont connaissance que par la lecture que leur en donne le greffier en présence du commissaire du Gouvernement et devant la garde rassemblée sous les armes, il faut reconnaître que la déclaration d'exclusion, comme toutes les autres parties du jugement, doit être prononcée par le président hors de la présence du condamné. Il est d'ailleurs à considérer qu'aucune condamnation infamante contre un militaire ne peut recevoir son exécution avant que ce militaire ait été dégradé, et que le jugement ne commence à recevoir son exécution et ne produit ses effets qu'à partir de cette dégradation. Or, le condamné doit être conduit devant la troupe, revêtu de ses insignes militaires et de ses décorations, lesquelles lui sont alors enlevées. C'est donc, en définitive, à ce moment que le condamné est dégradé tout à la fois et comme soldat et comme membre de la Légion d'honneur ou décoré de la Médaille militaire (Circulaire ministérielle du 10 mars 1858) ».

Ces mêmes dispositions, qui modifient, en ce qui concerne les militaires, l'article 43 du décret organique de 1852 sur la dégradation spéciale des légionnaires, sont reproduites par le Code de justice militaire pour l'armée de mer, du 4 juin 1858 (art. 237 et 242).

Afin que le Conseil connaisse des condamnations de légionnaires à une peine afflictive ou infamante et que le grand chancelier ordonne, en conséquence, la radiation des matricules, un extrait seul du jugement doit être transmis par le Garde des sceaux (Circ. Justice 15 juin 1876) ou par les Ministres de la Guerre ou de la Marine. Pour les militaires, outre l'envoi d'un extrait du jugement. il faut indiquer la date exacte du jour où la dégradation militaire a été subie (Note min. Guerre 8 février 1896).

Dans ces cas, en effet, comme dans les diverses hypothèses de retrait de plein droit des décorations, la juridiction disciplinaire de l'Ordre vérifie seulement la décision judiciaire ; elle n'intervient pas d'une façon active, car il n'y a pas matière à appréciation des faits. Le rôle de la Grande Chancellerie se borne donc à une simple mesure d'exécution : le Conseil de l'Ordre préalablement entendu, elle effectue la radiation des cadres. La loi pénale et la loi civile absorbent en quelque sorte la législation de la Légion d'honneur.

Nous allons voir qu'il en est ainsi pour les suspensions de plein droit. Ici encore, il n'y a qu'à enregistrer les conséquences nécessaires d'un état de choses.

§ II. — *Des suspensions de plein droit.*

a) L'exercice des droits et des prérogatives des membres de la Légion d'honneur est suspendu de plein droit te en vertu de la loi par les mêmes causes que celles qui

suspendent les droits de citoyen francais (Décr. 16
mars 1852, art. 39 ; Décr. 24 nov. 1852, art. 2).

Examinons d'abord le cas de faillite.

1. — D'après l'article 5 de la Constitution de l'an
VIII, toujours applicable, le failli est suspendu de ses
droits de citoyen. Cette note d'infamie atteint tous les
débiteurs faillis ; elle ne disparaît que par la procédure
de réhabilitation qui implique remboursement intégral
de l'ancien passif (principal, intérêts, frais), et qui
rétablit le failli dans tous les droits dont la faillite
l'avait privé.

La raison de ces incapacités inhérentes à l'état de
faillite et dérivant du jugement déclaratif lui-même est
double : on espère par là provoquer les commerçants
à faire tous leurs efforts pour éviter la faillite ; puis
l'état de faillite entache toujours quelque peu l'honneur
du commerçant et est considéré comme le rendant
indigne d'exercer certains droits (1). Il n'est plus
électeur, ni éligible, de quelque fonction qu'il s'agisse :
Chambres législatives, Conseil général, Conseil d'arron-
dissement, Conseil municipal, tribunaux et chambres
de commerce, Conseil de prudhommes, etc. ; il ne
peut être juré, ni témoin instrumentaire dans les actes
notariés sauf dans un testament ; il ne peut non plus
être investi d'une charge publique, d'un poste adminis-

____

(1) Lyon-Caen et Renault : *Précis de Droit commercial* (1885), II,
p. 905. — Voir aussi : Boistel : *Manuel* (1887), p. 538 ; et Thaller :
Traité élém. (1898), p. 903.

tratif ou judiciaire, d'un office ministériel. L'entrée de la Bourse lui demeure interdite, et il est privé du droit de faire escompter son papier par la Banque de France. De plus, il est suspendu de tous les droits et prérogatives attachés à la qualité de membre de la Légion d'honneur ou de décoré de la Médaille militaire ; et la suspension de ces droits et prérogatives emporte la suspension du droit de porter les médailles commémoratives et les Ordres coloniaux, ainsi que la suspension de l'autorisation de porter les insignes d'un Ordre étranger quelconque. L'interdiction de porter toute décoration résulte de la combinaison des articles 39 du décret du 16 mars 1852, 2 et 7 du décret du 24 novembre suivant, et 13 du décret du 10 juin 1853.

Mais, pour être passible de cette suspension, il est nécessaire que la faillite soit déclarée par un jugement ayant acquis un caractère définitif : le délai d'appel pour tout jugement rendu en matière de faillite est de 15 jours à compter de la signification (C. Com. art. 582, al. 1), et l'action disciplinaire du Conseil de l'Ordre reste indéfiniment suspendue à raison de la non signification du jugement aux légionnaires ou médaillés faillis, la sentence étant toujours susceptible d'appel. Ce cas était assez fréquent : souvent, en effet, il arrivait que, les opérations de la faillite se clôturant pour insuffisance d'actif, le syndic ne faisait pas procéder à la signification du jugement et la déclaration de faillite ne pouvait être considérée comme définitive.

Aussi, pour obvier à ces inconvénients qui lui étaient signalés par le Grand Chancelier, le Garde des Sceaux rappela aux procureurs généraux une décision ministérielle du 23 décembre 1878 contenant l'interprétation sur un point particulier de l'article 461 du Code de commerce qui, en cas d'insuffisance des deniers de la faillite, met les premiers frais à la charge du Trésor public, sauf remboursement ultérieur. Puis il ajouta :

« Après entente entre les deux départements de la
» Justice et des Finances, il a été reconnu que l'article
» susvisé s'applique à toutes les formalités nécessaires
» pour que le jugement déclaratif devienne définitif;
» il autorise l'avance non seulement des frais d'affiche
» et d'insertion qui ont pour but de faire courir les
» délais d'opposition (art. 580 C. Com.), mais aussi des
» frais de la signification qui marque le point de départ
» du délai de quinzaine pendant lequel l'appel est
» recevable.

» Les jugements déclaratifs de faillite influent sur
» les droits civils et civiques des citoyens. Il importe
» donc que les syndics ne perdent pas de vue qu'ils ont
» toutes facilités, même en cas d'insuffisance de l'actif,
» pour rendre ces décisions définitives.

» Vous voudrez bien appeler sur ce point l'attention
» des présidents des Tribunaux de Commerce. Il y
» aura lieu de veiller à ce que les formalités prévues
» par les articles 580 et 582 du C. Com. soient remplies,
» au besoin par les syndics, en vertu de l'article 461

» du même Code, notamment, lorsque les jugements
» déclaratifs concerneront des légionnaires ou des
» médaillés.

« C'est seulement lorsque les décisions prérappelées
auront acquis un caractère définitif qu'elles devront
être transmises à ma chancellerie, par extrait et avec
un rapport détaillé, conformément aux instructions
contenues dans la circulaire du 24 mars 1890 » (1).

Il parait d'ailleurs certain que, si le jugement
déclaratif de faillite est plus tard annulé, v. g. pour
nullité de la signification, la décision toute d'ordre
intérieur du grand chancelier ordonnant la suspension
du légionnaire jusqu'après réhabilition devra être rapportée, mais que le rappel d'arrérages ne sera pas
admis pour plus de cinq années, puisqu'un décret du
9 décembre 1862 a soumis les traitements de la Légion
d'honneur à la règle commune de la prescription
quinquennale.

L'interdiction pour un Français failli non réhabilité
de porter toute décoration s'applique-t-elle à un étranger ? S'il s'agissait d'une disposition pénale elle attein-
drait certainement l'étranger ; les lois de police et de
sûreté obligent tous ceux qui habitent le territoire
(C. civ. art. 3). Mais on ne pourrait considérer des
peines disciplinaires comme des lois d'ordre public,
dont l'objet est la sûreté des personnes et le maintien

(1) Circ. du 1er mars 1898.

de l'ordre matériel (exposé des motifs, art. 3 susvisé). L'interdiction étant basée uniquement sur le fait d'être suspendu de ses droits de citoyen français ne saurait être prononcée contre un étranger (1).

La loi du 4 mars 1889 a substitué, dans des conditions déterminées, la liquidation judiciaire à la faillite chaque fois qu'on se trouve en présence d'un commerçant ayant cessé ses paiements mais dont la situation ne saurait être imputée à la mauvaise foi. Aux termes de l'article 21, à partir du jugement d'ouverture de la liquidation judiciaire, le débiteur ne peut être nommé à aucune fonction élective; s'il exerce une fonction de cette nature, il est réputé démissionnaire. Cet article, introduit dans la loi par le Sénat, se trouve expliqué ainsi par le rapporteur, M. Demôle : « Si la liquidation judiciaire que le commerçant a sollicitée lui a été accordée et maintenue, c'est qu'il est dans la catégorie des débiteurs malheureux que notre loi entend affranchir des déchéances et des humiliations de l'état de faillite... » Les déchéances sont, en effet, notablement amoindries : le commerçant qui a obtenu le bénéfice de la liquidation judiciaire peut continuer à exercer ses droits électoraux, quoiqu'il ne soit plus éligible; il sera valablement juré et témoin. Il n'est point suspendu de l'exercice des droits de citoyen français; par suite, il ne peut être suspendu, pour ce motif, de

____

(1) Avis du Conseil de l'Ordre, 2 juillet 1888.

l'exercice des droits et prérogatives des membres de la Légion d'honneur, des décorés de la Médaille militaire, et des titulaires d'autres décorations ; les dispositions applicables en cas de faillite ne reçoivent aucune application, et il n'y a pas lieu d'agir disciplinairement contre lui.

Dans tous les cas de faillite, un extrait du jugement déclaratif, avec un rapport détaillé sur le caractère de l'affaire et sur ses principaux incidents, doit être transmis au Garde des Sceaux par les chefs de parquet, les légionnaires faillis étant, comme les légionnaires condamnés, soumis à l'action disciplinaire du Conseil de l'Ordre (Circ. min. 28 févr. 1860). Nous avons vu déjà que les décisions seront seulement transmises après avoir acquis un caractère définitif

Une fois saisie, la grande chancellerie enregistre la suspension, après vérifiation du Conseil et décision du grand chancelier. Par surcroît de précaution pour l'exécution de la loi, que nul pourtant n'est censé ignorer, il est fait au failli notification de la mesure dont il est l'objet. (Cons. de l'Ordre 7 juin 1875).

2. — On peut assimiler à la situation de débiteur failli celle du contumax, c'est-à-dire de l'individu rebelle à la loi qui ne se présente pas devant la Cour d'assises. La contumace entraîne, en effet, la suspension de l'exercice des droits de citoyen (C. Instr. cr. art. 465). Conformément à l'article 39 du décret du 16 mars

1852 et aux articles 2 et 7, 1° du décret du 24 novembre suivant, sur le vu de l'acte constatant cette suspension, le Grand Chancelier, après avoir pris l'avis du Conseil de l'Ordre, fait opérer sur les matricules la mention que le contumax est, aussi longtemps que dureront les effets de la contumace, suspendu de tous les droits et prérogatives attachés à la qualité de membre de l'Ordre et du droit au traitement qui y est affecté ainsi que de l'autorisation de porter les insignes d'un ordre étranger quelconque.

L'état de contumace et ses effets cessent de plein droit par la comparution volontaire ou l'arrestation du contumax dans le délai fixé pour la prescription de la peine (C. Instr. cr. art. 476). Il s'ensuit que, lorsque le contumax se présentera ou sera arrêté dans le délai, il sera jugé de nouveau, et la suspension des droits et prérogatives attachés à la qualité de légionnaire prendra fin. Après le délai de la prescription, cette suspension continuerait de subsister.

b) En outre, la condamnation à l'une des peines du boulet, des travaux publics (peine militaire) et de l'emprisonnement emporte la suspension des droits et prérogatives ainsi que du traitement attachés à la qualité de membre de la Légion d'honneur, pendant la durée de la peine (Décret 24 nov. 1852, art. 3). Cette suspension est un effet virtuel de la condamnation.

Par suite, les événements tels que la grâce ou

l'amnistie, qui mettent fin à la peine, entraînent la cessation de la suspension.

c) Pareillement l'envoi par punition dans une compagnie de discipline d'un militaire des armées de terre ou de mer emporte la même suspension (1) pendant la durée de la punition (*ibid.* art. 4).

Le décret du 24 février 1895 a consacré l'usage, réglementé jusqu'alors par de simples décisions ministérielles, des sections spéciales de discipline organisées dans chacun des régiments de tirailleurs algériens, des régiments étrangers ou des bataillons d'infanterie légère d'Afrique pour y envoyer les soldats de ces corps qui tiennent une conduite d'un exemple pernicieux pour leurs camarades ; et la nomenclature des punitions à infliger aux soldats d'après l'article 314 du décret du 20 octobre 1892 sur le service intérieur des troupes d'infanterie fut complétée ainsi qu'il suit : l'envoi aux compagnies de discipline (aux sections de discipline pour les soldats des régiments étrangers ou des bataillons d'infanterie légère d'Afrique) (2). Dans ces conditions, un soldat de l'un de ces corps, incorporé par suite d'envoi par punition à la section de discipline du corps, sera suspendu des droits et préro-

---

(1) Conf. en Belgique, l'article 138 de l'arrêté royal du 1er septembre 1886 : le droit de porter la décoration militaire *se perd* par l'incorporation dans le corps de discipline et de correction. *Pandectes belges,* v° décoration.

(2) *Bulletin officiel du Ministère de la Guerre.* Partie règl., 1895, 1er sem. p. 120 et 121.

gatives ainsi que du traitement attachés à la qualité de membre de la Légion d'honneur ou de décoré de la Médaille militaire, pendant la durée de la punition, conformément aux articles 4 et 6 du décret du 24 novembre 1852. Par suite des décrets d'extension, la même disposition est également applicable aux titulaires de médailles commémoratives et aux porteurs d'ordres coloniaux ou étrangers. Et s'il résulte, en outre, que cette incorporation a eu lieu à la suite de faute contre l'honneur dans les conditions de l'article 10 du décret du 14 avril 1874, v. g. pour habitudes d'ivrognerie ou inconduite habituelle, la radiation pourra être encourue.

d) Le marin condamné à l'embarquement correctionnel est assimilé à un condamné à l'emprisonnement au point de vue du port des décorations ou médailles, c'est-à-dire que ce port lui est interdit pendant la durée de sa peine (1).

e) Ajoutons que la résidence hors de France, sans l'autorisation du Chef de l'Etat, lorsque le titulaire est Français ou naturalisé Français, entraîne la suspension du traitement attaché à la qualité de membre de la Légion d'honneur (Loi 23 mai 1834, art. 13) (2). C'est une règle du droit commun en matière de pensions militaires.

(1) Dépêche du Grand Chancelier au Ministre de la Marine, du 13 nov. 1891. Cité par Wilhelm : v° *Justice maritime,* n° 1832. Rép. gén. alph. du Droit français.

(2) Cons. d'Etat, 5 fév. 1841 (Moreau). S. 41. 2. 148. *Rec.,* p. 49.

Section III

POUVOIRS PROPRES DU PRÉSIDENT DE LA RÉPUBLIQUE ET DU CONSEIL DE L'ORDRE

Avec cette section nous entrons dans le domaine propre de l'action disciplinaire de la Légion d'honneur. Les pouvoirs de discipline peuvent s'exercer soit à la suite de condamnations prononcées par des tribunaux répressifs, soit même sur des actes portant atteinte à l'honneur et qui ne peuvent être poursuivis judiciairement.

I. *Condamnations à des peines criminelles, correctionnelles et militaires.*

Le Chef de l'Etat peut suspendre, en tout ou en partie, l'exercice des droits et prérogatives et même exclure de la Légion, lorsque la nature du délit et la gravité de la peine prononcée correctionnellement paraissent rendre cette mesure nécessaire. Ainsi s'exprime l'art. 46 des statuts de l'Ordre ; mais il faut reconnaître que cette expression générale de peines prononcées correctionnellement embrasse non seulement les peines prononcées par les tribunaux correctionnels, mais encore les peines prononcées par les cours d'assises ou les conseils de guerre quand, par suite de circonstances atténuantes, la peine n'est pas infamante, ainsi que les condamnations pour délits émanées des juridictions militaires (1).

Dans une intéressante espèce que nous retrouverons en examinant les effets de la réhabilitation sur la réintégration dans la Légion d'honneur, le commissaire du Gouvernement avait soutenu, devant le Conseil d'Etat (2), que le pouvoir d'appréciation du Président de la République était supprimé lorsque la condamnation à une peine correctionnelle emportait privation des droits électoraux, et qu'en ce cas la radiation ou la suspension de membre de l'Ordre se trouvait encourue de plein droit. Il en serait ainsi dans les divers cas prévus par les art. 15 et 16 du décret du 2 février 1852 pour l'élection des députés, où les tribunaux jugeant correctionnellement ont interdit le droit de vote et d'élection par application des lois qui autorisent cette interdiction (C. P. art. 42). Dans cette opinion, la mesure disciplinaire serait commandée par les prescriptions de la loi électorale. Le condamné privé de la jouissance de ses droits politiques n'a plus, dit-on, la qualité de citoyen français ; il ne peut donc plus faire partie de la Légion d'honneur par application de l'art. 38 du décret du 16 mars 1852. Cette théorie se heurte aux termes généraux de l'article

(1) En ce sens, Aucoc (1890), p. 9 et (1895), p. 6.

(2) V. Observations de M. Chante-Grellet rapportées avec l'arrêt du 20 février 1885. D. 86, 3, 17. — S. 86, 3, 53 et les notes.

46 de ce dernier décret qui ne comportent aucune exception, et elle doit être repoussée. Une réserve, une référence aux art. 38 et 39 d'où l'on tire cette conséquence, auraient indiqué une restriction aussi considérable, si l'auteur des statuts avait voulu l'établir. Ici la décision qui raye des matricules le légionnaire rentre dans les mesures facûltatives pour l'autorité supérieure, juge de la gravité des faits, et qui, au lieu d'être l'accessoire nécessaire et légal de la condamnation correctionnelle, en sont tout à fait distinctes. Bien qu'une condamnation de cette nature, répondons-nous avec les annotateurs, ait pour conséquence la privation des droits civils et politiques, elle ne rentre pas dans les cas visés par les art. 38 du décret du 16 mars 1852 et 1er du 24 novembre suivant. L'exclusion de la Légion d'honneur prononcée dans ces conditions constitue une peine disciplinaire nettement distincte de la condamnation correctionnelle à l'occasion de laquelle elle a été prise. Et c'est cette solution d'ailleurs que le Conseil d'Etat semble avoir implicitement reconnue puisque son arrêt vise exclusivement l'article 46 (1).

Il faut reconnaître également que les délits punis d'une simple amende rentrent dans la compréhension du même art. 46. Dès longtemps d'ailleurs, et malgré quelques fluctuations, le Conseil de l'Ordre avait admis

____

(1) Aucoc (1890) p. 12. — E. Ragon : *La Légion d'honneur*, législation et contentieux (1900), p. 115.

Durieux.   9

en principe que l'amende infligée par les tribunaux correctionnels pouvait donner naissance à l'action disciplinaire lorsque le fait était de nature à porter atteinte à l'honneur. Cette solution ne saurait être douteuse aujourd'hui, puisque le décret du 9 mai 1874 (art. 2) a abrogé formellement l'article 5 du décret du 24 novembre 1852. Les actes qui n'ont pas été l'objet de condamnations étant punissables eux-mêmes, les condamnations à l'amende, telles par exemple les condamnations prononcées pour infraction à la loi du 24 juillet 1867 sur les sociétés, peuvent *a fortiori* entraîner des peines disciplinaires ; le pouvoir d'appréciation du Président de la République n'est pas non plus limité par elles (1).

Dans le cas de jugements rendus par défaut et non signifiés à personne, il y a lieu, d'après la jurisprudence du Conseil de l'Ordre qui assimile ces sortes de jugements aux arrêts par contumace, de prononcer seulement la peine de la suspension. La décision disciplinaire ne peut avoir d'autre valeur que le jugement même ; et celui-ci n'étant pas définitif, la mesure disciplinaire ne peut être que provisoire. Par suite, cette suspension se prolongera jusqu'à ce que le légionnaire condamné par défaut ait fait régulariser sa

---

(1) Conseil d'Etat, arrêt précité du 19 mai 1876 ; arrêt du 3 déc. 1886 (Vallet de Lubriat), *Rec.*, p. 862. D. 88. 3. 46 ; arrêt du 1er mai 1891 (Belleville), *Rec.*, p. 324. D. 92. 3. 111. — S. 93. 3. 51. — En sens contraire : arrêt du 15 janvier 1875 (Ballue), *Rec.*, p. 44. S. 75. 2. 64.

situation en se soumettant à un jugement contradictoire. Faute d'opposition dans les cinq ans, le jugement devenant définitif par l'expiration des délais de
la prescription de la peine (C. Instr. crim. art. 187), le
Conseil sera appelé à donner un nouvel avis sur la
mesure disciplinaire à infliger définitivement.

Mais *quid*, s'il a été formé opposition, c'est-à-dire si
l'individu ayant fait défaut s'adresse aux juges qui ont
rendu la sentence et leur en demande la rétractation ?
On a soutenu que le décret de suspension conserve
alors toute sa force. Nous croyons, au contraire, que
l'opposition est suspensive à l'égard de ce décret,
qu'elle arrête son exécution et qu'en outre, elle
anéantit aussitôt le jugement qui est récusé comme
rendu sans garanties suffisantes. Il se produit une sorte
d'effacement s'étendant à toutes les conséquences de
la condamnation dans l'avenir et dans le passé : l'op-
posant est réputé n'avoir jamais été déchu de ses
droits électoraux ou de famille. La mesure disciplinaire
elle-même est provisoire, avons-nous dit, et ne peut
avoir d'autre valeur que le jugement. Logiquement
nous estimons que la suspension doit tomber entièrement pour le légionnaire.

Il est évident que les condamnations prononcées
avec application de la loi du 26 mars 1891 n'empêchent
pas l'action disciplinaire (1). Mais en ce qui concerne

(1) La loi du 26 mars 1891 ne vise que l'infraction du droit pénal et

l'emprisonnemènt prononcé avec sursis à l'exécution, la question s'est posée de savoir s'il y a lieu de payer, pour la période comprise entre la condamnation et la radiation des matricules, les arrérages du traitement au légionnaire exclu ? La suspension de la peine, dit l'article 2 § 2 de cette loi, ne comprend pas les peines accessoires et les incapacités résultant de la condamnation. Or le traitement de la Légion d'honneur est de plein droit suspendu pendant la durée de la peine de l'emprisonnement (Décr. 24 nov. 1852, art. 3 et 6). D'où exécution immédiate de la peine accessoire de la privation du traitement. Le paiement des arrérages sera donc refusé malgré le bénéfice du sursis à l'exécution (1).

On s'est demandé si l'action disciplinaire peut être exercée à raison des infractions de pur droit positif ou contraventions qui ont provoqué déjà une condamnation de simple police. L'article 40 du décret organique de 1852 ayant prescrit la transmission au Grand Chancelier des copies de tous les jugements, même de police, relatifs à des membres de l'Ordre, il faut en conclure que les peines de simple police pourront, en

ce serait la détourner de son but que de l'appliquer à une faute professionnelle. Douai, 18 janv. 1898. *Le Droit*, 18 mars 1898.

(1) Rapport de M. Forichon et avis conforme du Conseil, le 10 juillet 1896. Arg. Déc. du Ministre de la Guerre ordonnant l'incorporation aux Bataillons d'Infanterie légère d'Afrique des jeunes gens ayant encouru une condamnation conditionnelle ; mais la loi du 1er mai 1897, appliquant à la législation sur le recrutement de l'armée les principes de la loi du 26 mars 1891, est venue empêcher cette incorporation de condamnés conditionnels dans les Bataillons d'Afrique.

certains cas, donner lieu tout au moins à la censure. On ne doit pas aller plus loin ni admettre qu'une condamnation de simple police peut entraîner la radiation ou la suspension. En effet, l'article 46 qui donne au Chef de l'État le droit de suspendre et même d'exclure de la Légion lorsque la nature du délit et la gravité de la peine prononcée *correctionnellement* paraissent rendre cette mesure nécessaire, est absolument muet sur les contraventions : son texte est limitatif à cet égard ; en ne les mentionnant pas, il les exclut (1). Mais, puisque le décret de 1852 n'a pas autrement visé les condamnations de cette espèce, le décret du 14 avril 1874, autorisant toutes peines disciplinaires lorsque les actes qui portent atteinte à l'honneur ne peuvent être l'objet d'aucune poursuite judiciaire, les a-t-il englobées ? Cette étude est extrêmement délicate. Le Conseil a été d'avis, quand la contravention présente un caractère exceptionnel de gravité, de déférer le contrevenant devant une commission d'enquête (2).

§ II. — *Actes portant atteinte à l'honneur et qui ne peuvent être l'objet d'une poursuite devant les tribunaux ou les Conseils de guerre.*

Les condamnations pénales devenues définitives ne

(1) Aucoc (1895) p. 10.
(2) Avis des 6 janv. et 28 déc. 1896.

forment pas à elles seules tout le domaine de l'action
disciplinaire. Il en fut pourtant ainsi jusqu'en 1873 :
le pouvoir disciplinaire de la Légion d'honneur était
désarmé alors qu'aucune poursuite judiciaire n'était
possible. Mais le besoin de son extension, dès longtemps,
s'était fait sentir à l'égard des faits qui ne peuvent être
poursuivis judiciairement et qui attentent à l'honneur
d'un membre de la Légion. Nous ne reviendrons pas
sur les difficultés nombreuses et les lenteurs qui, de
1816 à 1873, marquèrent l'histoire de ce nouveau cas
de discipline. Nous mentionnerons seulement l'éloquente
constatation que M. Louis La Caze faisait à la tribune
de l'Assemblée nationale, le 25 juillet 1873, dans les
termes suivants : « Ce serait ne pas mettre assez haut
» le signe de l'honneur que de penser qu'on ne peut
» en être dépouillé que par une condamnation. L'honneur
» a des exigences supérieures à celles du Code Pénal,
» et nous pensons que ce serait l'abaisser que de ne pas
» le soumettre à d'autres lois. Si un homme, comme
» cela peut être et comme cela s'est vu, appar-
» tenant à la Légion d'honneur, vient à compromettre
» la décoration qu'il porte et quelquefois à s'en
» couvrir dans quelque industrie immorale ou infâme,
» s'il vient à donner le spectacle des désordres de sa vie
» ou le scandale de ses dettes, nous pensons qu'il doit
» relever d'une autre juridiction que de celle de la
» police correctionnelle et qu'il est tenu à quelque
» chose de plus qu'à ne pas être frappé par un juge-

» ment. Cette juridiction de l'honneur doit être attribuée
» au Conseil de l'Ordre. Autant, pour ma part, j'aurais
» de répugnance à voir le Conseil de l'Ordre assumer
» une part quelconque de responsabilité dans les
» nominations qui appartiennent au Gouvernement,
» autant je m'en remets avec pleine confiance à l'esprit
» qui l'anime pour l'exercice du droit de discipline que
» nous vous proposons de lui conférer. Nous n'aurions pas
» fait assez pour la Légion d'honneur si nous nous étions
» bornés à rétrécir la voie qui y mène et si nous avions
» négligé de mettre le Conseil supérieur de l'Ordre à
» même d'en faire sortir ceux qui ne méritent plus d'y
» rester (1). »

Le règlement d'administration publique du 14 avril 1874, rendu par délégation spéciale de la loi, établit des règles différentes suivant qu'il s'agit de légionnaires militaires ou de légionnaires civils.

Le Conseil de l'Ordre ne peut rechercher directement les fautes contre l'honneur commises par des militaires ; pour les frapper disciplinairement, il ne peut que tirer les conséquences des décisions prises au préalable par l'autorité militaire. Lui seront ainsi déférés : les officiers des armées de terre et de mer mis en réforme à la suite de l'avis d'un conseil d'enquête, pour inconduite habituelle ou faute contre l'honneur ; ceux mis à la retraite d'office dans les mêmes conditions ; les

______

(1) *Journal officiel*, 26 juillet 1873, p. 5,030.

officiers de réserve des armées de terre et de mer, ainsi que ceux de l'armée territoriale, révoqués de leur grade à la suite de l'avis d'un conseil d'enquête, pour inconduite habituelle ou faute contre l'honneur (décr. 14 avril 1874, art. 9 § 1 mod. par le décr. du 19 mai 1896) ; les officiers mis en non-activité à la suite d'un avis de conseil d'enquête portant qu'ils sont susceptibles d'être mis en réforme pour inconduite habituelle ou pour faute contre l'honneur : en ce dernier cas, la censure et la suspension seules sont applicables, et la suspension même ne pourra dépasser la durée de leur non-activité ; enfin les sous-officiers, officiers mariniers ou marins contre lesquels des peines disciplinaires auront été prononcées pour des faits portant atteinte à l'honneur (art. 10) : v. g. le fait d'avoir encouru de nombreuses punitions pour indiscipline (avis du Conseil, 3 février 1896), l'ivrognerie habituelle (avis du 8 mars 1897), etc.

Au regard des légionnaires civils, l'action disciplinaire peut naître de deux ordres de faits différents : elle s'applique d'abord aux actes contraires à l'honneur non prévus par la loi pénale, comme la fausse déclaration de perte de titres, le mariage avec une fille publique, la tenue d'une maison de jeux de hasard, le trafic de sa décoration, les peines disciplinaires émanées de corporations diverses ; elle atteint, en second lieu, les actes que la loi pénale a prévus et qui ne peuvent plus être poursuivis par l'effet de la pres-

cription ou de l'amnistie. Quand la justice est désarmée, dit M. Aucoc, soit par la nature même du fait
que la loi pénale n'a pas réprimé, soit parce que les
poursuites judiciaires qui étaient possibles à une certaine
époque ont cessé de l'être, il appartient à la juridiction
disciplinaire d'intervenir pour donner satisfaction à la
moralité publique (1). Ici encore les actes déshonorants
relevés dans une ordonnance de non-lieu ou un
jugement d'acquittement ne font aucun obstacle à
l'exercice de l'action disciplinaire. Toutefois l'acquittement par le jury, nonobstant les aveux formels de
l'accusé, est souverain et ne saurait être révisé au
point de vue de l'honneur ; aussi le Conseil de l'Ordre,
si regrettable qu'une telle solution puisse paraître,
s'est-il refusé le droit de substituer son appréciation
au verdict non motivé des jurés et à l'arrêt de la Cour
d'assises.

En ce qui concerne les faits qui lui sont soumis et
qui font l'objet d'une nouvelle instruction spéciale par
la Grande Chancellerie, le Conseil n'est nullement lié
par l'appréciation qu'en a donnée déjà la justice. Il
revendique à cet égard la plus complète indépendance :
« Il n'y a de chose jugée au point de vue de la Légion
d'honneur, écrivait naguère M. Aucoc à l'occasion
d'une mémorable espèce, que dans un jugement
définitif de condamnation. Les autres actes constituent

(1) 1890, p. 22.

des documents à consulter, documents plus ou moins considérables, mais que le Conseil a le droit de discuter et le devoir d'écarter si l'inculpé, dans l'instruction spéciale à la Légion d'honneur, démontre qu'ils contiennent une erreur de fait ou de droit. Qu'on y regarde de près. Ces documents, que ce soient des rapports d'un juge d'instruction accompagnés d'une ordonnance de non-lieu, des jugements de tribunal de première instance ou des arrêts de Cour, aboutissent tous à un acquittement ou à une suppression de poursuites. Or, si blessants que puissent être les motifs d'un jugement qui prononce un acquittement, ils ne peuvent donner lieu à un pourvoi devant le juge supérieur ou devant la Cour de cassation. Ainsi l'inculpé contre lequel il est reconnu que des poursuites ne peuvent être exercées n'a pas de moyens de faire reviser par l'autorité judiciaire cette déclaration qu'il a commis un acte contraire à l'honneur. Il est donc indispensable que le juge spécial de l'honneur lui donne à cet égard le moyen de se défendre et puisse se prononcer en toute liberté sans être lié par une décision quelconque des autorités qui ont apprécié avant lui le même fait (1). »

Enfin le Conseil de l'Ordre est-il armé contre les saltimbanques qui exercent leur profession et paradent sur les tréteaux en portant les insignes de leurs

(1) Aucoc (1895), p. 18.

décorations? La question s'est posée en 1875 à l'occasion d'un sieur Basse, médaillé militaire. Le Conseil estima que, si l'acte reproché à cet individu était blâmable, il ne pouvait être considéré comme une faute contre l'honneur et passible ainsi de poursuites disciplinaires. Mais comme il importait de prendre des mesures pour que de tels actes ne pussent se reproduire, il émit l'avis que le Grand Chancelier se concertât avec le Ministre de l'Intérieur afin que les préfets prissent soin de n'accorder désormais aux saltimbanques l'autorisation d'exercer leur profession qu'à la condition expresse de ne pas paraître sur les tréteaux avec les décorations officielles. En conséquence, des instructions furent données aux préfets par une circulaire ministérielle du 17 septembre 1875 (1).

(1) Citée par Delarbre, op. cit. p. 146.

CHAPITRE IV.

PROCÉDURE ET OBJET DE L'ACTION DISCIPLINAIRE.

SECTION I.

Comment le Conseil de l'Ordre est saisi.

Aux termes de l'article 40 du décret du 16 mars 1852, les Ministres de la Justice, de la Guerre et de la Marine transmettent au Grand Chancelier des copies de tous les jugements en matière criminelle, correctionnelle ou de police, relatifs à des membres de l'Ordre.

Dans une circulaire du 15 juin 1876 (1), M. Dufaure a rappelé aux procureurs généraux les prescriptions des circulaires antérieures de la Chancellerie sur cet objet, qui se trouvent dès lors fondues en une même instruction. Les chefs de parquet sont tenus d'adresser au Garde des Sceaux, aussitôt qu'ils sont rendus, des extraits de tous jugements et arrêts portant condamnation contre les membres de la Légion d'honneur. Ces extraits destinés au Grand Chancelier contiendront

____

(1) *Bull. off. du Ministère de la Justice*, 1876, 1ʳᵉ partie, p. 103.

la date de la nomination et le numéro du brevet, lorsqu'il est possible d'en obtenir la représentation ; ils doivent également indiquer les nom et prénoms du condamné, son grade dans l'armée s'il est militaire, le numéro du régiment auquel il a appartenu, et enfin le lieu de sa naissance et de son domicile actuel (Circ. 6 déc. 1840) ; ils doivent toujours être accompagnés des pièces de la procédure qui sont indispensables pour éclairer la religion du Conseil de l'Ordre et le mettre à même de faire appliquer, en connaissance de cause, la législation disciplinaire relative aux décorés (Circ. 9 déc. 1863). Quand la condamnation consiste dans la dégradation civique ou dans les peines qui l'entraînent de plein droit, l'extrait seul de la condamnation doit être transmis, la Grande Chancellerie n'ayant alors aucune mesure disciplinaire à provoquer. Dans tous les cas de faillite, ainsi que nous l'avons vu précédemment (1), un extrait du jugement déclaratif, avec un rapport détaillé sur le caractère de l'affaire et sur ses principaux incidents, doit être aussi transmis (Circ. 28 février 1860). Ces dispositions ont été successivement rendues applicables aux décorés de la Médaille militaire (Circ. 17 janv. 1853), aux titulaires des Médailles de Sainte-Hélène, de Crimée, de la Baltique et d'Italie (Circ. 31 déc. 1859), de Chine (Circ. 27 avril 1861), du Mexique (Circ. 20 avril 1864) et pontificale (Circ. 23

____

(1) Supra, p. 123.

mars 1868). — Enfin une circulaire du 28 décembre 1891 (1) recommande l'exacte observation de toutes ces prescriptions relativement aux condamnations prononcées contre les légionnaires, les décorés de la Médaille militaires ou les titulaires de médailles commémoratives.

Une note du Ministre de la Guerre du 8 février 1896 (2), remplaçant les circulaires antérieures, enjoint de procéder ainsi qu'il est prescrit par les articles 40 du décret du 16 mars 1852, 5 du décret du 24 novembre de la même année et 151 du Code de Justice militaire pour les militaires titulaires de croix ou médailles qui s'attireraient une condamnation. On adressera au Ministre de la Guerre (Direction de la Cavalerie, Justice militaire), dès que le jugement sera devenu exécutoire, le dossier de la procédure concernant les individus membres de la Légion d'Honneur, décorés de la Médaille militaire, de médailles commémoratives ou d'ordres étrangers, condamnés par un conseil de guerre de l'armée de terre, quelle que soit la nature de la peine prononcée contre eux. Ce dossier sera accompagné d'une expédition du jugement (formule n° 16 bis) qui indiquera les condamnations encourues antérieurement et mentionnera si le condamné s'est pourvu ou non en révision

_____

(1) *Bull.* 1891, p. 554.

(2) *Bull. off. du Ministère de la Guerre*, 1896, Partie règl^{re}, 1er sem., p. 197.

ainsi que la date du jour où le jugement est devenu définitif pour recevoir son exécution à compter du..... Il demeure entendu, comme nous l'avons déjà noté (1), que pour les condamnés à une peine afflictive et infamante, on se bornera à envoyer un extrait du jugement (formule n° 18), mais en indiquant la date exacte du jour où la dégradation militaire aura été subie.

Pareillement, il doit être fait envoi au Ministre de la Marine, en même temps que d'une expédition du jugement de condamnation pour la Grande Chancellerie, du dossier de la procédure, à moins qu'il ne s'agisse d'une condamnation infamante qui entraîne la perte du droit de porter toute décoration (Circ. 11 mars 1858, *Bul.* p. 181 ; Décis. 17 juin 1859, B. p. 328 ; Circ. 6 déc. 1859, B. p. 474 et 26 mai 1860, p. 414). L'envoi de tout jugement déclaratif de cette déchéance comporte jonction du brevet de tout condamné membre de la Légion d'honneur ou médaillé militaire, du brevet et des insignes de tout condamné décoré d'un ordre étranger ou titulaire d'une médaille commémorative. Quant aux hommes condamnés seulement à une peine correctionnelle, le retrait lorsqu'il y a lieu, soit de leurs brevets soit de leurs insignes, ne peut leur être fait qu'en exécution d'un décret du Chef de l'Etat rendu dans la forme prescrite par le décret du 24 novembre 1852.

Un caractère commun à tous les jugements ainsi

____

(1) page 117.

transmis au Grand Chancelier, c'est qu'ils doivent être définitifs et exécutoires. On appelle ici condamnation définitive celle qui n'est plus réformable par la voie judiciaire. Il faut donc que la justice répressive se soit prononcée définitivement, sans possibilité de voie de recours ; et ce caractère est exigé pour éviter tout conflit de décisions et statuer régulièrement. Le mot définitif figurait expressément dans l'art. 5 du décret du 24 novembre 1852, mais l'abrogation de ce texte en 1874 n'en a pas moins laissé subsister le principe qui résulte implicitement de l'art. 41 du décret organique : toutes les fois qu'il y aura eu recours en cassation, dit cet article, contre un jugement rendu en matière criminelle, correctionnelle ou de police relatif à un légionnaire, le procureur général auprès de la Cour de cassation en rend compte, sans délai, au Ministre de la Justice qui en donne avis au Grand Chancelier de la Légion d'honneur. Le pourvoi suspend ainsi l'action disciplinaire ; en cas de rejet du pourvoi, le jugement peut être exécuté. S'il est admis, au contraire, l'action sera supprimée ; mais elle renaîtra quand une nouvelle condamnation définitive interviendra. — Il faut, en outre, que les jugements aient été notifiés. Jusque-là ils sont censés ne pas exister.

L'art. 44 enjoint aux chefs militaires de terre et de mer de rendre aux Ministres de la Guerre et de la Marine un compte particulier de toutes les peines graves de discipline qui ont été infligées à des légionnaires sous leurs ordres ; ces ministres transmettent des copies de ce compte au grand chancelier.

De même, le décret du 14 avril 1874 prescrit certaines mesures d'information. Les préfets, les sous-préfets, les maires et tous les officiers de police judiciaire qui, dans l'exercice de leurs fonctions, sont informés de faits graves de nature à entraîner contre un légionnaire n'appartenant pas à l'armée de terre ou de mer l'application de peines disciplinaires, sont tenus d'en rendre compte au grand chancelier de l'Ordre. Leur rapport doit être transmis par la voie hiérarchique et par l'intermédiaire du ministre compétent, dans le cas où le légionnaire remplit des fonctions publiques. Les ambassadeurs, ministres plénipotentiaires et consuls doivent également rendre compte au grand chancelier des faits de cette nature qui auraient été commis en pays étranger par des légionnaires français ou étrangers. Dans ce dernier cas, leur rapport ne peut être transmis que par l'intermédiaire du Ministre des affaires étrangères (art. 3).

Section II.

Des formes de l'action disciplinaire.

La Grande Chancellerie étant une fois saisie, la procédure change selon qu'il s'agit d'appliquer le décret du 16 mars 1852 ou celui du 14 avril 1874.

En ce qui concerne l'exécution du premier de ces décrets, le grand chancelier désigne un rapporteur pour chaque affaire disciplinaire. Le Conseil émet ensuite un avis à la pluralité des voix.

Lorsqu'il s'agit, au contraire, d'exécuter le décret de 1874 à l'égard de membres de la Légion d'honneur appartenant à l'armée, la décision du Conseil de l'Ordre ne peut être que la conséquence de la décision prise au point de vue militaire : et alors l'enquête spéciale est inutile puisqu'elle a été faite par le Conseil d'enquête devant lequel l'inculpé a été appelé à se défendre. Mais quand le grand chancelier est saisi d'un rapport ou d'une plainte à la charge d'un légionnaire civil, il fait procéder sommairement à une information préalable ; et, suivant les résultats de cette information, il décide s'il y a lieu ou non de donner suite à la plainte. Dans le cas de l'affirmative, cette décision ne peut être prise qu'après l'avis du ministre compétent, s'il s'agit d'un légionnaire remplissant des fonctions publiques (Décr. 14 avril 1874, art. 4). Dans le cas où il est donné suite à l'affaire, le grand chancelier désigne trois membres de l'Ordre, d'un grade au moins égal à celui de l'inculpé, pour entendre ses explications et recueillir des renseignements sur les faits qui servent de base à la plainte ; le président de cette commission d'enquête est désigné par la même décision. S'il s'agit de légionnaires établis à l'étranger, cette désignation est faite de concert avec le Ministre des affaires étrangères, et, à défaut de légionnaires remplissant les conditions requises, les membres de la commission peuvent être pris en dehors de la Légion d'honneur. L'inculpé est averti par le grand| chancelier de la plainte dont il est l'objet, et invité à produire, dans un délai déterminé, ses moyens de défense soit par écrit, soit verbalement, devant la commission d'enquête. La commission transmet au grand chancelier le mémoire justificatif et le procès-verbal des explications orales fournies par l'inculpé ; elle y joint les renseignements qu'elle a pu recueillir et son avis. Dans le cas où l'inculpé n'aurait présenté ni défense écrite ni explications orales dans le délai fixé par la décision du grand chancelier, la commission renvoie le dossier avec son avis. Toutefois, le grand chancelier peut accorder sur la demande de l'inculpé, une prolongation de délai. S'il s'agit d'un légionnaire remplissant des fonctions publiques, le dossier est communiqué au ministre compétent (*ibid*. art. 5, 6 et 7).

Le Conseil de l'Ordre peut, dans tous les cas, décider que l'inculpé sera admis à donner des explications devant trois de ses membres désignés par le grand chancelier ; mais cet article 8 constitue une mesure d'instruction que le Conseil peut prescrire : il n'est pas obligé de l'accorder à la demande de l'inculpé (1). L'avis qu'il émet sur les mesures disciplinaires ne peut être modifié qu'en faveur du légionnaire ; et cet avis, lorsqu'il conclut à l'exclusion, doit être pris à la majorité des deux tiers des votants (art. 8).

(1) Avis du 4 décembre 1899.

Observons d'ailleurs que la non-comparution de l'inculpé régulièrement cité devant la juridiction disciplinaire ne saurait faire obstacle à ce que l'action disciplinaire suive son cours. La loi du 20 avril 1810 sur l'organisation de l'ordre judiciaire consacre (art. 55 aujourd'hui abrogé), en matière de discipline, le principe général qui interdit de prononcer une peine contre un inculpé sans qu'il ait été mis en demeure de se défendre ; mais elle assimile à une comparution le cas où il ne se présente pas quoique dûment appelé (1). Nous en dirions autant du décret du 14 avril 1874.

Section III.

Objet de l'action disciplinaire.

Les peines disciplinaires dont les membres de la Légion d'honneur sont passibles à la suite de condamnation par eux encourues ou lorsque les actes qui portent atteinte à leur honneur ne peuvent être l'objet d'aucune poursuite devant les tribunaux ou les conseils de guerre, sont la censure, la suspension, l'exclusion.

§ 1. — *Censure.*

Cette peine consiste dans une réprimande, un blâme ; c'est la *severa interlocutio* du Droit romain. Elle est habituelle en matière de discipline, et elle a été

____

(1) Cass. 15 juin 1882, D. 83, 1, 420.

constamment appliquée aux légionnaires en vertu de l'article 10 de l'arrêté du 24 ventôse an XII.

La censure est prononcée par le grand chancelier. Elle se justifie aisément ; car il serait fâcheux que le Conseil de l'Ordre fût placé dans l'alternative d'un non-lieu pur et simple ou d'une privation temporaire ou définitive des droits attachés à la décoration.

Parfois même, voulant user d'indulgence en raison des bons services de l'inculpé et prenant en considération les renseignements favorables recueillis sur son compte, le Conseil ne propose aucune mesure disciplinaire. La sanction se borne alors à une admonestation du Grand Chancelier invitant le légionnaire à être plus circonspect à l'avenir et à ne pas compromettre l'insigne de l'honneur dont il est revêtu. L'avertissement consiste donc, pour employer la formule d'une circulaire ministérielle, en un acte secret et paternel, une bienveillante admonestation permettant d'arrêter des écarts qui, s'ils se répétaient, pourraient donner lieu à l'exercice de l'action disciplinaire (1).

§ 2. — Suspension.

La suspension est l'état d'un membre de la Légion d'honneur à qui l'exercice des droits et prérogatives ainsi que le traitement attaché à sa qualité sont temporairement retirés.

(1) Circ. justice, 12 décembre 1821.

La durée de cette peine, quand il ne s'agit pas d'une suspension de plein droit, doit être déterminée : une peine disciplinaire pour un temps déterminé n'excède pas les bornes de la justice de famille (1). Cette durée, très variable, oscille de six mois à dix ans ; parfois elle a été abaissée jusqu'à trois mois. Le Conseil a ainsi une certaine latitude qui lui permet de tenir compte à ses justiciables de leur honorabilité antérieure, de leurs blessures, de l'état de leurs affaires, de leur éducation ou de leurs charges de famille.

La suspension peut n'être que partielle : un légionnaire, par exemple, sera suspendu du droit de porter sa décoration, mais le bénéfice du traitement lui sera conservé ; car la croix, lorsque le traitement y est attaché, constitue une ressource en même temps qu'une distinction. Mais, qu'elle soit partielle ou totale, la suspension est toujours prononcée par le Président de la République sur le rapport du grand chancelier.

Notons encore que, si un légionnaire déjà suspendu venait à commettre une nouvelle faute, une nouvelle poursuite resterait possible. Le titre de membre de la Légion d'honneur n'a pas disparu : l'exercice seul des droits et prérogatives est interrompu.

<h3 align="center">§ 3. — Exclusion.</h3>

Le légionnaire est exclu de l'Ordre, il est rayé des matricules. La déchéance part de la date même du

______

(1) Cass. req. 3 février 1868.

décret qui la prononce, et non du jour de la condamnation qui l'a motivée, si ce n'est dans l'hypothèse d'un retrait de plein droit. C'est la plus grave des peines.

Comme la suspension, elle est prononcée par le Président de la République sur le rapport du grand chancelier.

L'exclusion emporte la privation définitive du droit de porter toute autre décoration ou médaille française ou étrangère. De même, la suspension de la Légion d'honneur entraîne la suspension de l'autorisation de porter les insignes d'un ordre étranger quelconque. L'article 7 du décret du 24 novembre 1852 ne saurait être entendu en ce sens que celui qui les a portés sans l'autorisation du Gouvernement pût continuer ce port illégal d'un Ordre qui ne lui appartient pas. Il résulterait d'une telle interprétation que l'individu, qui, ayant porté une décoration étrangère sans cette autorisation, aurait été acquitté à raison de sa bonne foi, aurait plus de droit que celui qui aurait sollicité et obtenu l'autorisation exigée par les règlements (1). La question fut agitée à propos d'un Sr Delaville qui, après avoir été suspendu pendant cinq ans de tous les droits et prérogatives attachés à la qualité de membres de la Légion, continuait de porter publiquement le ruban d'un Ordre étranger pour

____

(1) *Journal du Droit international privé*, 1877, p. 354.

lequel il n'avait d'ailleurs reçu aucune autorisation ; il ne put échapper aux poursuites dont il fut l'objet, sous prétexte que le décret de suspension ne faisait pas mention des Ordres étrangers : la loi doit être exécutée même par ceux qui l'ignorent. La Cour de Cassation rejeta donc le pourvoi motivé sur l'absence de prohibition et l'ignorance des dispositions (1).

L'article 9 du décret du 24 novembre est formel. Tout individu qui aura encouru la suspension ou la privation des droits et prérogatives attachés à la qualité de légionnaire ou de médaillé militaire, et qui en portera les insignes ou ceux d'un ordre étranger, se rend coupable du délit de port illégal de décorations : il sera poursuivi et puni, conformément à l'article 259 du Code pénal, d'un emprisonnement de six mois à deux ans.

SECTION IV

Publicité et mesures d'exécution.

Lorsque le décret a été signé par le Président de la République, les autorités compétentes doivent être informées des peines disciplinaires qui ont été prononcées. D'après l'art. 8 du décret du 24 novembre 1852, le grand chancelier informe de toute radiation ou suspension le Ministre de la Justice, s'il s'agit d'un individu non militaire, et les Ministres de la Guerre et de

____

(1) Cass. 27 mai 1876, D. 77. 1. 192. — S. 77. 1. 387.

la Marine, s'il s'agit d'un militaire ou d'un marin, ou d'un individu assimilé aux militaires ou marins. Il fait également porter sur les matricules de l'Ordre toutes les peines disciplinaires, et il veille à ce qu'elles soient notifiées aux intéressés.

Quant aux plaignants, il ne leur en est jamais donné connaissance, l'honneur de la Légion devant être seul en cause.

En ce qui concerne la notification des décisions de non-lieu, les lois et règlements sont entièrement muets. D'où, cette question résolue de la manière suivante dans un rapport du 3 février 1896 : Convient-il d'informer de la solution prise plaignant et inculpé? En principe, la grande chancellerie, a-t-on répondu, n'a point à communiquer ses décisions quand celles-ci n'entraînent aucune mesure disciplinaire. Les questions portées devant elle sont d'une nature particulièrement délicate. Le Conseil de l'Ordre est une juridiction de famille; et il importe de lui conserver autant que possible ce caractère. Par suite, le plaignant n'a pas à être averti de la décision du Conseil. Quant à la personne, objet de la dénonciation, comme elle a un intérêt légitime à être informée, elle aura droit de connaître la solution intervenue. Toutefois, il y a lieu de distinguer s'il y a eu ou non comparution devant une Commission d'enquête. Au premier cas, en raison de la publicité donnée à la plainte, la signification de la décision de non-lieu sera faite d'office à l'inculpé,

Dans le second cas, il n'en serait avisé que sur sa demande.

Une décision du Ministre de la Guerre en date du 30 avril 1859, conforme à l'avis du Conseil de l'Ordre du 20 décembre 1858, contient deux prescriptions relatives à la restitution des insignes et des brevets par les militaires déchus du droit de porter une décoration : 1° les militaires qui auront été exclus de la Légion d'honneur ou rayés des contrôles de la Médaille militaire seront tenus de remettre leurs brevets ; 2° ceux qui auront été privés définitivement du droit de porter des décorations ou des médailles étrangères devront restituer et leurs insignes et leurs brevets. Mais cette dernière mesure concernant la restitution des insignes ne s'applique qu'à ceux qui ont été délivrés gratuitement.

Il y a lieu, en outre, de mentionner au casier judiciaire les décisions disciplinaires prononcées par l'autorité judiciaire ou par une autorité administrative lorsqu'elles entraînent ou édictent des incapacités (Loi 5 août 1899, art. 1er, 3°). Pour les décisions disciplinaires prononcées par une autorité administrative, il y a lieu de se référer aux circulaires antérieures de la Chancellerie, celle du 15 décembre 1899 ne traçant aucune ligne de conduite à cette égard. (1) C'est ainsi qu'on mentionnera au casier toute décision portant privation

(1) Jouvenet : *Etude sur le casier judiciaire* (1900), p. 228 et 255.

définitive ou temporaire du droit de porter des décorations. Cela est nécessaire pour permettre de punir, en vertu de l'art. 259 du Code pénal, les individus qui continuent à porter des décorations après avoir été privés de ce droit (Circ. 10 avril 1886). Il n'y a donc pas à y faire figurer la censure ou l'avertissement ; car ces décisions disciplinaires n'entraînent pas d'incapacités. Seront inscrites, en outre, au bulletin nº 2 les interdictions temporaires ou définitives du droit de porter des décorations : cette prescription résultant d'une circulaire de la Chancellerie est confirmée par les termes de la loi nouvelle.

Enfin le *Bulletin des Lois*, dans sa partie supplémentaire, publie sous la forme suivante un extrait des divers décrets rendus en matière disciplinaire :

Décrets du Président de la République Française (rendus sur le rapport du grand chancelier de la Légion d'honneur et contresignés par le Garde des Sceaux, Ministre de la Justice) par lesquels les personnes ci-après dénommées ont été frappées des peines disciplinaires suivantes par application des décrets des 16 mars et 24 novembre 1852 ou 14 avril et 9 mai 1874 : suit alors la teneur de chaque dispositif.

CHAPITRE V.

DES RECOURS DEVANT LE CONSEIL D'ÉTAT.

Une remarque à faire tout d'abord c'est que le recours ne saurait être admis pour les peines disciplinaires encourues de plein droit. Il ne s'agit ici, évidemment, que des peines prononcées par le Président de la République sur la proposition du grand chancelier et l'avis du Conseil de l'Ordre.

La théorie du recours pour excès de pouvoirs contre les actes administratifs entachés des quatre vices d'incompétence, d'inobservation des formes, de violation de la loi ou des droits acquis, de détournement ou abus de pouvoirs, et qui ne sont pas des actes discrétionnaires, est due beaucoup plus à la jurisprudence qu'à la loi elle-même ; la loi s'est bornée à consacrer, d'une manière très sobre du reste, les résultats acquis. Et même cette consécration légale, si on l'envisage à un point de vue d'ensemble, ne remonte pas au-delà de la loi du 24 mai 1872 dont l'article 9 dispose :

« Le Conseil d'Etat statue souverainement.... sur les
» demandes d'annulation pour excès de pouvoirs formées
» contre les actes des diverses autorités administratives »;
tel est le texte qui a, pour la première fois, consacré
d'une façon générale et d'ensemble l'existence de ce
recours (1).

Le Conseil d'Etat peut-il être saisi d'un pourvoi
par les membres de la Légion d'honneur pour les
peines disciplinaires dont ils ont été frappés ?

Jusqu'en 1859 il se déclarait incompétent. Il considérait, dans un arrêt du 22 février 1838, que les décisions prises par le Chef de l'État en matière de discipline, (une ordonnance qui révoquait, en l'espèce, une
nomination dans l'Ordre), étaient des actes qui, par
leur nature, ne pouvaient lui être déférés par la voie
contentieuse (2).

Puis, en 1859, sa jurisprudence se modifie avec raison
et deux arrêts de cette même année (3) établissent la
distinction suivante : les actes qui rentrent dans le
pouvoir discrétionnaire de l'administration, tels : les
actes de gouvernement, les actes diplomatiques et

(1) Consulter Ducrocq : *Cours de droit administratif*, tome IIᵉ : Les
tribunaux administratifs, (1897), p. 29 à 46 ; Jacquelin : *Les principes
dominants du contentieux administratif* (1899), p. 231 et suiv. ; et surtout
Laferrière ; *Traité de la juridiction administrative et des recours contentieux*,
2ᵉ édit., tome II, p. 391 à 574.

(2) Aff. Gérard. *Lebon*, tome 7, p. 40. — S. 38. 2. 354.

(3) Arrêts du 2 juin 1859 (Gosse ; de Mussy) *Lebon*, p. 400. — D.
62. 3. 11. — S. 60. 2. 220. On les trouvera également dans Delarbre.
op. cit., p. 107.

certains actes de tutelle des communes et établisse-
ments publics, ne donnent lieu à aucun recours contentieux ; mais dès qu'un acte administratif est soumis à
certaines règles, soit quant aux circonstances dans
lesquelles il peut en être fait application, soit quant
aux formalités dont il doit être entouré, la violation de
ces règles qui sont la garantie des justiciables constitue
un excès de pouvoir qu'il appartient au Conseil d'Etat
au contentieux de réprimer. Ainsi se trouva posé le
principe de l'admissibilité du recours pour excès de
pouvoirs, et cette jurisprudence protectrice des droits
des légionnaires punis disciplinairement a été maintenue
depuis lors (1).

Comme les membres de l'Ordre sont à vie, d'après
l'art. 4 du décret du 16 mars 1852, ils ne peuvent
perdre leur décoration que dans des cas limitativement
déterminés. Par conséquent, toute décision du Chef de
l'État qui priverait un légionnaire de sa qualité ou de
quelques-unes des prérogatives qui s'y rattachent, en
dehors des cas prévus dans l'exercice du pouvoir
disciplinaire, violerait un droit acquis et serait susceptible d'être portée devant le Conseil d'État (2).

(1) Le Vavasseur de Précourt, *op. cit.*

(2) Aucoc (1890) p. 38 ; Ragon : *La Légion d'honneur, législation et
contentieux* (1900), p. 105. — Cfr. la réponse du demandeur sur la fin
de non-recevoir opposée au pourvoi : « Les peines ne peuvent être
infligées qu'en vertu de dispositions expresses. Pour que la radiation
soit constitutionnellement prononcée, il faut que cette peine et le pouvoir
de l'appliquer soient écrits dans la loi. L'empereur, en son Conseil

Mais il ne faut point se méprendre sur la portée de cette jurisprudence. Si le Conseil d'État est juge des formes suivies pour l'exercice de l'action disciplinaire, il n'est pas juge des faits. Il ne s'est pas arrogé l'autorité d'une cour d'appel ; il ne s'est pas reconnu le droit de reviser en fait les décisions qui lui sont soumises et l'appréciation des faits lui échappe complètement : elle appartient à la Commission d'enquête, au Conseil de l'Ordre et souverainement au Président de la République. La solution est toutefois controversée. « Le Conseil d'État a même admis, prétend M. Laferrière (1), les intéressés à discuter devant lui une question beaucoup plus délicate de fausse application de la loi. En présence de l'article 46 du décret du 16 mars 1852, portant que le Chef de l'État peut suspendre ou exclure le légionnaire à la suite de condamnations correctionnelles lorsque la *nature du délit* et la *gravité de la peine* paraissent rendre cette mesure nécessaire, il s'est demandé si le Chef de l'État possède à cet égard un pouvoir d'appréciation entièrement discrétionnaire, ou si la réserve faite par l'art. 46 autorise un recours par

---

d'État, est souverain réformateur de toutes décisions administratives qui blessent des droits acquis. C'est donc au Conseil d'État qu'il appartient d'apprécier, par la voie contentieuse, si la mesure a été prise par l'empereur dans la limite de ses pouvoirs, c. a. d. dans les termes des décrets régissant la discipline de la Légion d'honneur, et si elle ne porte pas une atteinte illégale à l'état de l'officier légionnaire. ». Delarbre, *loc. cit.*

(1) *Op. cit.* (1896), II, p. 542 et s.

la voie contentieuse quand il s'agit de condamnations excluant toute idée d'atteinte à l'honneur, de gravité de la peine ou du délit. Il a statué dans ce dernier sens par un arrêt du 15 janvier 1875 *(Ballue)*, qui annule un décret prononçant l'exclusion d'un légionnaire à la suite d'une simple condamnation à l'amende prononcée pour injures à un particulier et outrages à un fonctionnaire. Cet arrêt se fonde uniquement sur ce que l'article 46 du décret organique du 16 mars 1852, rapproché de l'art. 5 du décret règlementaire du 24 novembre 1852, ne permet pas de considérer les condamnations à l'amende comme étant de celles qui peuvent motiver l'exclusion à raison de la nature du délit et de la gravité de la peine. Cette base de décision était peut-être trop étroite. Aussi lorsque l'art. 5 du décret réglementaire de 1852 a été abrogé par le décret du 9 mai 1874, la jurisprudence libérale de 1875 s'est trouvée ébranlée; le Conseil d'État a décidé, par arrêt du 25 mai 1876 (Randoing), que la seule disposition dont il y ait désormais lieu de tenir compte est l'art. 46 du décret organique de 1852 et que cet article, *par la généralité de ses termes, laisse au Chef de l'État tout pouvoir d'apprécier à l'égard des légionnaires condamnés correctionnellement, le caractère de gravité que peuvent avoir le délit commis et la peine encourue.... ; que cette appréciation ne saurait donner ouverture à un recours devant le Conseil d'État.* Malgré les termes généraux de cette décision, qui ne peut encore être considérée

comme ayant fixé la jurisprudence, nous avons peine
à croire que de légères condamnations à l'amende,
encourues pour duels, pour certains délits de chasse
ou de pêche, et surtout pour délit politique et de
presse, puissent autoriser le Gouvernement à prononcer
la radiation. Il est certain, en effet, que le droit d'exclusion prévu par l'art. 46 du décret organique n'est
pas illimité : ce texte ne le confère que sous certaines
réserves, et il semble rationnel que la portée légale de
ces réserves puisse être discutée par la voie contentieuse alors qu'il s'agit de défendre un droit acquis. »

A cette opinion, que nous avons tenu à reproduire
dans son intégralité, M. Aucoc a fait une réponse
décisive à nos yeux ; et nous lui emprunterons toute
la logique de ses arguments : « Nous cherchons vaine-
» ment, réplique-t-il, la base légale des réserves faites
» par M. Laferrière. Nous ne discutons pas l'hypothèse
» qu'il indique et qui ne s'est jamais réalisée, qui ne
» se réalisera sans doute jamais. Nous ferons remarquer
» seulement que la même question pourrait se soulever à
» propos d'une suspension temporaire plus ou moins lon-
» gue et qui pourrait paraître aussi disproportionnée à la
» nature du délit et à la gravité de la peine prononcée.
» Si l'on veut voir un cas d'excès de pouvoirs dans
» toute application rigoureuse de la loi, il n'y a plus
» aucune décision disciplinaire qui ne puisse donner
» ouverture à un recours pour excès de pouvoirs. C'est
» absolument transformer le caractère de ce recours

» exceptionnel. Qu'il soit recevable quand on soutient
» que des textes formels ont été violés ou que les
» principes généraux sur l'application des mesures
» disciplinaires, sur les effets de l'amnistie, de la
» réhabilitation ont été méconnus, nous sommes de
» cet avis. Mais quand il s'agit de l'appréciation des
» faits et de la convenance d'une mesure disciplinaire
» plus ou moins sévère, la jurisprudence a eu raison
» de dire que le recours n'est pas admissible, parce
» que l'article 46 des statuts de l'Ordre s'en est expres-
» sément rapporté sur ce point à la sagesse de l'auto-
» rité qui exerce le pouvoir disciplinaire. Nous pouvons
» d'ailleurs rappeler que l'article 5 du décret du 24
» novembre 1852, qui paraissait interdire au Chef de
» l'Etat de prendre des mesures disciplinaires contre
» les légionnaires condamnés correctionnellement à
» l'amende, a été expressément abrogé par un décret
» du 14 mai 1874. La doctrine que nous discutons
» tendrait, en réalité, à abroger le décret de 1874.

» Quelle serait, en outre, l'application de cette
» doctrine pour les cas où le pouvoir disciplinaire
» statue sur des faits qui ne peuvent donner lieu à des
» poursuites devant les tribunaux ou les conseils de
» guerre ? Les légionnaires qui sont frappés trouvent
» toujours la décision trop rigoureuse et dispropor-
» tionnée à leurs fautes. Admettre un recours contre
» les décisions qui seraient qualifiées d'excessives
» serait autoriser à remettre en question toutes les

» décisions. Il nous paraît vraisemblable que la juris-
» prudence du Conseil d'État se maintiendra (1). »

Le recours, pour excès de pouvoirs, devant le Conseil d'Etat délibérant au contentieux, ne permet pas d'évoquer le fond de l'affaire. Le Conseil n'a que le droit d'annulation, et non le droit de réformation. Sa décision ne peut que rejeter le recours ou prononcer l'annulation de l'acte attaqué : elle ne peut ni réformer cet acte, ni même ordonner aucune des mesures qui pourraient être la conséquence de l'annulation prononcée (2). Il ne s'agit là, au surplus, que d'appliquer la règle ordinaire d'après laquelle l'arrêt ne peut rien décider en dehors de l'annulation de l'acte.

Mentionnons, en terminant, que c'est au Garde des Sceaux, Ministre de la Justice, dans les attributions duquel la Grande Chancellerie a été placée (décret du 31 janvier 1870), qu'il appartient de défendre aux recours des membres de l'Ordre contre les décisions disciplinaires prises par le Chef de l'Etat et contresignées par ce ministre. Le grand chancelier ne serait pas recevable à intervenir devant le Conseil d'Etat ; et il est d'usage que la Commission du contentieux demande préalablement au ministre s'il entend s'approprier la décision attaquée du grand chancelier (3).

(1) Aucoc, *op. cit.* (1890), p. 39 et 40.

(2) Cons. d'Etat, arrêt du 13 mai 1881 (Brissy) : réintégration d'un légionnaire exclu par décret.

(3) Cons. d'État, arrêts des 15 février 1872 (Darnis), *Rec.*, p. 98; 1er mai 1874 (Lezeret de la Maurinie), *Rec.*, p. 409, S. 76. 2. 91 ; arrêts précités du 26 mai 1876.

CHAPITRE VI

EXTINCTION DE L'ACTION DISCIPLINAIRE ET DE LA PEINE

Section I

Modes normaux d'extinction et réduction de la durée de la suspension.

Lorsque le délinquant décède, l'action publique s'éteint car la responsabilité du prévenu est exclusivement personnelle. Il n'est plus permis, comme dans l'ancien Droit, d'instruire contre la mémoire ou le cadavre du coupable ; et nous devons admettre logiquement la même solution pour l'action disciplinaire.

En principe, les peines s'éteignent par leur exécution et, d'une façon générale, quand elles ont produit tous les effets qu'elles comportent. Les causes qui suspendent la qualité de citoyen français entraînant la suspension de membre de la Légion d'honneur, il en résulte que la suspension d'office, portée sur les matricules, continue à produire ses effets tant que l'individu est suspendu de ses droits de Français. Ainsi, la réhabilitation commerciale est le seul moyen pour le failli de faire cesser les incapacités dont il est frappé, sous la double condition qu'il ait acquitté toutes ses dettes en capital, intérêts et frais, et qu'il ne soit pas compris, par la loi, au nombre des personnes indignes d'être réhabilitées (C. com., art. 612). La suspension de plein droit de l'exercice des prérogatives attachées à la qualité de légionnaire cesserait encore par la représentation volontaire ou forcée du contumax avant la prescription de la peine : en ce cas, les déchéances provisoirement encourues, à la suite de la condamnation par contumace, sont effacées pour l'avenir comme dans le passé, et le contumax cesse d'être un condamné pour devenir un accusé ordinaire.

De même, la suspension d'office prendrait fin par l'expiration de la peine du boulet, des travaux publics et de l'emprisonnement ; par la fin de l'envoi, par punition, dans une compagnie de discipline et par le terme de l'embarquement correctionnel.

Quant aux suspensions prononcées par le Président de la République, il va de soi qu'elles s'éteignent normalement par l'expiration du délai fixé dans le décret. Mais ne pourraient-elles pas, exceptionnellement, s'éteindre plus tôt ? Doivent-elles recevoir dans tous les cas leur pleine et entière exécution ? Autrement dit, les demandes émanées de légionnaires suspendus et tendant à obtenir la remise du restant de la peine,

sont-elles susceptibles d'être accueillies par le Conseil
de l'Ordre ? — L'affirmative ne paraît guère douteuse.
« Nous ne voyons, pour notre part, observe M. le
président Dislère dans son rapport d'ensemble du
27 février 1896 sur les questions relatives à la réintégration, aucun motif pour ne pas les admettre ; en
principe, ce sera dans chaque cas une question d'espèce
à examiner ». Il ne semble pas nécessaire, en effet,
qu'une peine disciplinaire prononcée temporairement
reçoive, dans tous les cas, sa pleine et entière exécution. Toutefois les requêtes de cette nature ne sont
recevables que lorsque la moitié au moins de la suspension a été subie.

Cette pratique des instances en réduction n'a pas
été toujours suivie, et il y fut fait, notamment en 1877,
une remarquable dérogation. La suspension, disait-on,
deviendrait illusoire dès que la réductibilité en serait
admise. Pour ce motif, le Conseil de l'Ordre, considérant que les supensions prononcées contre les membres
de la Légion d'honneur sont ordinairement de six mois,
un an ou deux ans ; qu'une durée plus longue est
tout à fait exceptionnelle et motivée toujours par une
extrême indulgence du Conseil qui a bien voulu ne
pas prononcer la radiation des matricules de l'Ordre ;
que, par suite, l'examen des requêtes tendant à obtenir une réduction desdites peines devient absolument
inutile, parce que, d'une part, dans les cas ordinaires
de suspension, le Conseil s'est prononcé depuis très

peu de temps sur les affaires qui seraient de nouveau soumises à ses délibérations, et que, d'autre part, dans les cas exceptionnels, le Conseil a usé d'une indulgence qu'il n'entend pas porter plus loin; fut d'avis, dans sa séance du 8 janvier 1877, qu'il n'y avait pas lieu en principe d'examiner les requêtes tendant à obtenir la réduction de la suspension des peines disciplinaires.

Mais cet avis ne tint pas longtemps; et, quelques mois plus tard (29 juillet 1878), le Conseil de l'Ordre revenait lui-même à sa première jurisprudence, maintenue encore aujourd'hui, et d'après laquelle la durée d'une suspension prononcée reste exceptionnellement susceptible d'abréviation.

Avant d'étudier l'influence qu'exercent l'amnistie, la grâce et la réhabilitation sur la réintégration dans la Légion d'honneur, il nous faut dire un mot des effets de la révision pour erreur de fait dans une décision judiciaire irrévocablement rendue. La procédure du pourvoi en révision est réglée par les articles 443 à 447 du Code d'instruction criminelle (loi du 8 juin 1895). Le jugement ou arrêt qui établit l'innocence du condamné fait disparaître toutes les conséquences de la condamnation injustement prononcée; et la révision a un effet rétroactif. Même en attendant ce jugement ou cet arrêt, la Cour de cassation statuant sur la recevabilité de la demande en révision et renvoyant le condamné devant une nouvelle cour d'assises pourrait suspendre l'exécution de la peine.

Section II.

De l'Amnistie.

On entend par amnistie un acte de souveraineté
dont l'effet est d'effacer certains faits punissables et,
en conséquence, soit d'empêcher ou d'arrêter les
poursuites, soit d'anéantir les condamnations. L'amnistie intervient donc en tout état de cause, aussi bien
avant qu'après le jugement. Elle porte avec elle l'abo-
lition des délits qui en sont l'objet, des poursuites
faites ou à faire, des condamnations qui auraient été
ou pourraient être prononcées, tellement que ces
délits, couverts du voile de la loi, sont au regard des
cours et tribunaux, sauf le droit des tiers en réparation
du dommage par l'action civile, comme s'ils n'avaient
jamais été commis (1).

Comme son nom l'indique, l'amnistie est une mesure
d'oubli : *lex oblivionis, quam Græci* AMNESTIAN *vocant.*
Elle enlève le caractère délictueux à toute une catégorie d'infractions, elle en efface jusqu'au souvenir aux
yeux de la loi. Sans doute, le droit de punir repose sur
le droit qu'a la Société de se défendre ; mais il peut y
avoir des circonstances où l'intérêt social commande
l'apaisement en évitant de nouveaux prétextes aux dis-
cordes par la constatation et la répression d'infractions
ou par l'exécution des condamnations prononcées à

(1) Cass. 11 juin 1825. *Bull. cass. crim.* 1825, n° 114.
D., 25, 1, 395. — S., 26, 1, 164.

raison même de ces infractions. L'amnistie a alors pour but de « concilier les esprits et de calmer les passions irritantes » (1) ; c'est une mesure essentiellement politique prise dans un besoin de paix sociale, appelée par l'opinion publique et sur laquelle les élus de l'opinion publique devront se prononcer. La solution qui en fait une attribution législative nous semble, en effet, la plus exacte ; et la loi constitutionnelle du 25 février 1875 (art. 3) dispose avec raison que toute amnistie ne peut être accordée que par une loi. L'amnistie faisant échec à la législation existante, il n'y a qu'une loi qui puisse suspendre l'exécution de la loi.

Cette mesure est générale ou collective, c'est-à-dire accordée à toute une catégorie d'infractions, et réelle en ce sens qu'elle s'applique, non à des personnes dénommées, mais à des faits, dont elle couvre indirectement et médiatement les agents, auteurs ou complices, nationaux ou étrangers. En fait, il peut arriver qu'en votant une amnistie on en refuse le bénéfice à certaine catégorie de faits ou de délinquants. Théoriquement on ne saurait contester ce droit à l'autorité, à condition toutefois que les restrictions soient faites d'une manière générale et impersonnelle. Il faut admettre aussi que l'amnistie peut être conditionnelle, subordonnée par exemple à la condition que ceux

(1) M. Bérenger à la Chambre des Pairs. *Moniteur*, 30-31 décembre 1834.

appelés à en bénéficier accomplissent certaines obligations dans un délai déterminé. Enfin, comme elle
repose sur des considérations d'ordre public, l'amnistie
s'impose et il n'est pas permis d'y renoncer.

Nous venons de voir qu'au point de vue pénal, l'amnistie supprime l'infraction, la poursuite et le jugement : l'action publique est éteinte ; la condamnation
et tous ses effets sont rétroactivement anéantis. Celui
qui bénéficie de l'amnistie recouvre sa pleine et entière
capacité civile et politique, ses droits de citoyen,
d'électeur et d'éligible, l'aptitude aux fonctions et
récompenses publiques. Quant aux conséquences de
l'infraction au point de vue disciplinaire de la Légion
d'honneur, la question se pose de savoir si l'amnistie
rétablit *ipso facto* le légionnaire amnistié sur les matricules de l'Ordre ? Nous la résoudrons par la distinction suivante (1).

A) Lorsque le condamné a été déclaré *de plein droit*,
par l'effet même de la condamnation pénale et en
vertu de la loi (C. P. art. 34), déchu de sa qualité de
membre de la Légion d'honneur ou privé d'une décoration, l'amnistie le replace de plein droit dans l'exercice des droits et prérogatives que la condamnation lui
avait fait perdre. La fiction légale, en effet, qui efface
la condamnation, en fait disparaître simultanément les
conséquences immédiates et directes. L'individu con-

____

(1) Garraud : *Traité théorique et pratique du Droit pénal*, tome II, n° 82
et suiv.

damné qui a été par là même exclu de l'Ordre y rentrera par l'amnistie ; celui qui a été privé du droit de porter ses décorations sera autorisé de nouveau à les porter.

Déjà, en 1845, la Cour de Cassation avait implicitement admis cette doctrine. Sans doute, l'arrêt du 16 août 1845 (1) décidait que l'amnistie n'a d'autre résultat que de rendre l'amnistié à la liberté et de lui restituer pour l'avenir l'exercice des droits civils sans le réintégrer dans la qualité de membre de la Légion d'honneur ; mais il importe d'ajouter que cet arrêt est fondé sur ce que l'amnistie prononcée par l'Ordonnance du 8 mai 1837 n'était pas complète et réservait la surveillance de la haute police à l'égard des condamnés à des peines afflictives et infamantes. A vrai dire, c'était plutôt une grâce, ainsi que le proclamait M. l'avocat-général de Boissieux, une commutation de peine qu'une véritable amnistie ; le maintien de cette surveillance comme conséquence légale de la condamnation à la déportation faisait que la condamnation même subsistait et que cette condamnation emportait de plein droit la dégradation de la Légion d'honneur. L'arrêt de 1845, on le voit, n'infirme pas notre théorie ; il la confirme.

La jurisprudence du Conseil de l'Ordre l'avait pourtant méconnue jusqu'en 1881. Mais elle dut s'incliner

___

(1) Aff. Guillard de Kersausie. D., 45, 1, 399. — S., 46, 1, 91.

dèvant un arrêt du Conseil d'État statuant au contentieux sur la requête d'un sieur Brissy, condamné à la peine de mort commuée plus tard en celle du bannissement et dont la demande en réintégration avait été rejetée. Par cet arrêt, rendu le 13 mai 1881, le Conseil annula la décision du Conseil de l'Ordre. Il se basait notamment sur ce motif que par l'effet de l'amnistie Brissy avait été, par application de la loi du 3 mars 1879, rétabli dans l'entier exercice de ses droits civils et politiques et que, conformément aux dispositions expresses des articles 38 et 39 du décret du 16 mars 1852, il y avait lieu de décider qu'il avait recouvré l'exercice des droits et prérogatives attachés à sa qualité de membre de la Légion d'honneur (1). Ici, en effet, aucune décision disciplinaire n'est intervenue. C'est sur le vu du jugement répressif que l'exclusion a été prononcée. Dès lors à quoi pourrait-on raisonnablement la rattacher, ce jugement étant anéanti par l'amnistie : Il faut appliquer l'adage si souvent cité : *accessorium sequitur principale* (2).

On soutient cependant que la radiation a lieu non

---

(1) *Rec.*, 1881, p. 492. — S., 82, 3, 31. — D., 82, 3, 97. *Contra :* Delarbre, *Op. cit.* p. 119.

(2) H. Chomette : *De l'amnistie spécialement dans ses effets au point de vue pénal et au point de vue civil.* p. 126. — Comp. les conclusions du Commissaire du Gouvernement dans l'arrêt du 13 mai 1881 : « Par l'effet de l'amnistie la condamnation n'existe plus ; le jugement est censé n'avoir jamais été rendu, il doit être considéré par suite comme n'ayant jamais été mis sous les yeux du Conseil de l'Ordre ni mentionné sur les registres de la grande Chancellerie.

comme peine accessoire, à raison de la condamnation elle-même, mais à raison d'une présomption légale que le condamné a failli à l'honneur. Les dispositions qui règlent la discipline de la Légion d'honneur sont toutes inspirées, dit-on, par cette idée qui tient de l'essence même de l'institution, c'est que pour jouir des droits attachés à la qualité de membre de l'Ordre, il faut n'avoir pas failli à l'honneur. On ajoute que, lorsqu'une peine infamante est prononcée contre un légionnaire, le président des assises ou du Conseil de guerre, aussitôt après la lecture de la sentence, prononce cette formule : « Vous avez manqué à l'honneur ; je déclare, au nom de la Légion, que vous avez cessé d'en être membre ». (Art. 43 du décret du 16 mars 1852). Or, dans cette formule, la peine prononcée n'est même pas mentionnée, c'est le fait constaté que le condamné a manqué à l'honneur qui entraîne sa radiation ; et lorsqu'une constatation de ce genre a eu lieu, le caractère de la Légion d'honneur n'exige-t-il pas que ses effets soient irrévocables ? (1)

Cette argumentation nous paraît spécieuse. En admettant même l'existence de la présomption légale d'indignité dont on parle, il faut reconnaître que, seule, la condamnation a pu l'établir. Celle-ci étant anéantie par l'amnistie, la présomption, qui en était la conséquence, doit logiquement cesser d'exister. Quant

(1) Arrêt Brissy précité. D., 82, 3, 97. Note 3.

à la dégradation prononcée par le président du tribunal de répression, c'est une simple formalité qui ne peut évidemment pas produire, nous l'avons dit, cet effet considérable qu'on veut y attacher (1).

Quoi qu'il en soit, la théorie admise par le Conseil d'État est absolue. C'est un point incontestable sur lequel le Conseil de l'Ordre, après quelque résistance (2), n'a plus varié jusqu'à nos jours.

B) Il faudrait, à notre sens, adopter une solution différente lorsque la radiation des cadres de la Légion d'honneur résulte, non pas directement d'un jugement portant condamnation à une peine afflictive ou infamante, mais d'un décret rendu régulièrement par le Chef de l'État sur la proposition du grand chancelier, à la suite d'une condamnation pour un délit correctionnel. L'amnistie efface le jugement ; elle laisse subsister le décret, l'exclusion de l'Ordre, pénalité purement disciplinaire et toute spéciale, qui n'est pas le résultat immédiat de la condamnation anéantie. Suivant une remarque de M. Esmein, l'amnistie ne fait radicalement disparaître que les conséquences produites par la condamnation pénale ; si le fait considéré à un autre point de vue a pu entraîner d'autres conséquences juridiques, celles-ci subsistent malgré l'amnistie. C'est ce qui est universellement admis quant à l'action en dommages-intérêts à laquelle ce fait a pu donner nais-

(1) *Pandectes françaises* : vº amnistie, nº 151.
(2) Aucoc (1895) p. 21.

sance ; et nous devons en dire autant des pénalités purement disciplinaires dont il peut avoir été frappé dans une instance administrative complètement indépendante du procès pénal (1). Telle est la solution que commande la distinction traditionnelle entre l'action disciplinaire et l'action publique.

Somme toute, l'indépendance de l'action en discipline fait obstacle à ce que l'amnistie exerce son influence sur la pénalité disciplinaire encourue par un membre de la Légion d'honneur, alors que les faits ont été étudiés en eux-mêmes par le Conseil de l'Ordre. Il y a là deux aspects à considérer isolément, et non cumulativement ; il y a deux domaines absolument distincts, et la disjonction de l'action publique nous semble s'imposer quant à l'amnistie. Ce qui est vrai de l'action civile (2) doit l'être *a fortiori* quand il s'agit de l'action disciplinaire et l'exemple de la survivance

(1) En ce sens ; arrêt de la Cour de Paris du 25 août 1881 (Aff. Brucken). S., 82, 2, 73. Note Esmein. — Delarbre : *Op. cit.* p. 127.

(2) L'observation a été présentée notamment par M. Colmet de Santerre à la suite de la communication de M. Aucoc à l'Académie des Sciences morales et politiques. L'amnistie n'a d'effet que sous la réserve des droits des tiers. C'est ainsi, dit-il, que l'amnistié peut être poursuivi devant les tribunaux civils et condamné à des dommages-intérêts envers les personnes lésées par les faits qui sont non avenus au point de vue pénal. La Légion d'honneur peut être considérée comme un *tiers*, une collectivité d'hommes distingués qui ont intérêt à ne pas garder parmi eux des membres qui auraient commis des actes contraires à l'honneur. Cet intérêt moral est légitime et, de ce chef, le Conseil qui représente la Légion d'honneur a le droit de s'opposer à la réintégration *ipso jure* des amnistiés. (*Compte-rendu*, 1890, 2e sem., p. 556).

de l'action civile malgré l'amnistie paraît concluant pour l'action disciplinaire.

Cette conception, si rationnelle à nos yeux, n'a pas été suivie par le Conseil de l'Ordre. Il n'y a pas à distinguer, selon lui, entre le cas où la dégradation résulte de plein droit de la condamnation et celui où elle résulte d'une décision disciplinaire intervenue après une condamnation correctionnelle; les effets de l'amnistie s'imposent dans les deux cas et doivent faire tomber les décisions disciplinaires les moins graves comme elles font tomber celles qu'ont motivées des crimes (1). Seulement, en ce dernier cas, le condamné amnistié qui a déjà été l'objet d'un décret disciplinaire n'acquiert pas de la loi qui efface sa condamnation le droit d'être réintégré d'office dans la possession de ses décorations ou médailles. Un décret pris après avis du Conseil de l'Ordre doit intervenir; et il est nécessaire, dans ces conditions, que la Grande Chancellerie soit saisie d'une requête de l'intéressé (2). Si le pétitionnaire remplit les conditions prévues par la loi d'amnistie pour bénéficier de l'amnistie, il y aura lieu de la lui accorder sans autre examen. Cette décision est commandée par l'amnistie et ne pourrait être refusée. — Il va sans dire, en outre, que l'individu condamné à une peine correctionnelle, qui a été amnistié avant que sa radiation des matricules de

(1) Aucoc, (1890) p. 36.
(2) Circ. min. Marine, 9 juin 1898.

l'Ordre ait été prononcée, est désormais de ce chef à l'abri de toute mesure disciplinaire.

Il reste à écarter un reproche très grave adressé au système que nous soutenons. On nous reproche d'aboutir à cette étrange conséquence de donner aux amnistiés condamnés à une peine criminelle une position meilleure qu'aux amnistiés condamnés à une peine simplement correctionnelle et rayés des cadres de la Légion d'honneur en vertu d'un décret du Chef de l'État, de telle sorte qu'un légionnaire sera d'autant plus facilement réintégré qu'il aura été plus coupable. — L'objection, si forte soit-elle, n'est point irréfutable. Dans le cas de condamnation à une peine afflictive et infamante, l'amnistie enlève seulement leur caractère délictueux aux faits qualifiés crimes et on ne peut donc les classer, dès lors, parmi les actes qui ne peuvent être l'objet d'aucune poursuite devant les tribunaux et qui cependant portent atteinte à l'honneur. L'amnistie fait tomber la privation du droit de porter aucune décoration, sans doute; mais le Conseil de l'Ordre, restant investi de ses pouvoirs de discipline, envisagera au point de vue purement disciplinaire, dans les formes prévues par la loi du 25 juillet 1873 et le décret du 14 avril 1874, les faits de ses justiciables couverts par l'amnistie, pourvu que les faits soient postérieurs à ces deux textes. Par suite, un décret prononcerait à nouveau l'exclusion que l'amnistie avait fait cesser et l'apparente anomalie signalée plus haut disparaîtra.

D'ailleurs le système auquel nous nous rangeons semble
avoir été adopté par le Conseil d'État. Dans son arrêt
si intéressant du 13 mai 1881, s'il décide que le pouvoir disciplinaire n'a pu s'exercer à l'occasion des faits
antérieurs à la loi de 1873 et qui n'avaient pas un
caractère successif, il consacre, en effet, le principe
de l'action disciplinaire malgré l'amnistie.

Notre savant maître, M. Esmein, dans la dissertation
que nous avons citée, a contesté qu'il pût être fait
usage du pouvoir disciplinaire établi par la loi de 1873,
à raison des faits couverts par une amnistie. « Ce pouvoir a été créé, dit-il, en vue des actes qui ne peuvent
pas être poursuivis devant les tribunaux répressifs ou
les conseils de guerre. Cela s'entend de faits à l'occasion
desquels l'action publique n'a jamais pu prendre
naissance, et l'on ne saurait songer à des faits à l'occasion desquels une poursuite a pu être et a été intentée.
Pour ces derniers, l'effet qu'il peuvent avoir quant à la
Légion d'honneur est déterminé par un autre texte,
par le décret de 1852. Si ce que nous avons dit est
exact, il en résulte qu'au point de vue de la Légion
d'honneur les amnistiés dont la condamnation contenait une peine criminelle ont une situation meilleure
que ceux qui avaient été condamnés à des peines correctionnelles. Les premiers auraient recouvré, en vertu
de l'amnistie, leur qualité de membres de la Légion
d'honneur; les seconds verraient, au contraire, leur
radiation maintenue. Cela paraît inadmissible, et pour-

tant cela semble être une conséquence nécessaire des principes juridiques. N'y-a-t-il aucun moyen d'éviter ce résultat? Peut-être la juridiction disciplinaire pour l'Ordre de la Légion d'honneur, qui a prononcé l'exclusion des condamnés à des peines correctionnelles, anjourd'hui amnistiés, pourrait-elle accueillir leur demande en réintégration, en s'inspirant des principes qui régissent l'amnistie. Sans doute l'exclusion de ces condamnés n'a pas été une conséquence directe de la sentence pénale; mais si elle a été prononcée, cela ne vient pas moins de ce que le fait était un délit; on a dû prendre en considération, d'après l'art. 46 du décret de 1852, la nature du délit et la gravité de la peine prononcée. L'exclusion ici a été la conséquence, indirecte il est vrai, du caractère délictueux que l'acte présentait : cela était de toute évidence avant 1874, car alors le fait qui ne constituait pas une infraction ne pouvait jamais entraîner l'exclusion par voie disciplinaire; cela est vrai encore depuis 1874, si l'on admet avec nous que le nouveau pouvoir disciplinaire s'applique uniquement aux faits qui n'ont jamais constitué des infractions. S'il en est ainsi, n'est-il pas raisonnable de faire disparaître après l'amnistie, avec toutes les autres, cette conséquence dernière qu'avait produite le délit ? »

Nous estimons, au contraire, que le nouveau pouvoir disciplinaire est parfaitement applicable (1). L'amnistie,

(1) Depuis la loi du 25 juillet 1873, le pouvoir disciplinaire peut

nous le répétons, n'anéantit pas le fait; elle le dépouille rétroactivement de son caractère délictueux. Le fait amnistié est censé, par conséquent, n'avoir jamais donné lieu à la mise en mouvement de l'action publique ni figuré dans la catégorie des faits prévus par l'art. 46 du décret de 1852; il est considéré comme n'ayant jamais été une infraction au point de vue pénal, mais comme ayant toujours été un de ces actes qui ne peuvent être l'objet d'aucune poursuite devant les tribunaux et qui cependant attentent à l'honneur d'un membre de la Légion (1).

Au surplus, le Conseil de l'Ordre a lui-même admis cette solution en ce qui concerne les lois d'amnistie relatives aux déserteurs et aux insoumis. Les uns et les autres ne sont pas réintégrés *de plano* sur les contrôles des médailles dont ils étaient titulaires. Dans chaque espèce, la situation du demandeur est l'objet d'un examen spécial. Pour les militaires qui, après avoir été condamnés pour désertion, ont été déjà frappés disciplinairement, il y a lieu d'examiner individuellement s'il convient de leur remettre les décorations qu'ils ont perdues; pour ceux qui n'ont pas été condamnés parce que l'amnistie les a trouvés en

s'exercer à l'occasion d'actes qui seraient contraires à l'honneur mais qui ne pourraient donner lieu à des poursuites. Ce pouvoir disciplinaire s'applique à des faits déshonorants couverts par une amnistie. (Observation de M. Aucoc à l'Acad. des Sc. mor. et pol. *Compte-rendu*, loc. cit.)

(1) En ce sens : Poujaud, *De l'amnistie* (1885), p. 164.

état de désertion ou de détention préventive, le Conseil de l'Ordre appréciera s'il convient de leur laisser ou de leur retirer celles dont ils sont titulaires (Avis du Conseil, 7 juin 1880). Observons à ce sujet que l'article 10 du décret du 14 avril 1874 exige deux conditions : une faute contre l'honneur et une peine militaire. La faute contre l'honneur, c'est la désertion. Le refus du certificat de bonne conduite par le Ministre de la Guerre constitue la peine militaire (1).

Section III

De la grâce.

La grâce est une mesure de clémence individuelle par laquelle le Chef de l'Etat remet ou réduit la peine prononcée par un tribunal de répression ou y substitue une peine plus douce. Dans ce dernier cas, c'est une commutation. La grâce ne vise d'ailleurs que les personnes. Elle intervient après la condamnation et ne peut qu'arrêter l'exécution de la peine. La condamnation continue à produire toutes ses conséquences légales : elle figure au casier judiciaire ; et, si le condamné rechute, il est en récidive, il encourt l'aggravation de peine et la rélégation, il est soumis aux règles applicables au récidiviste pour le sursis de la loi de 1891, la libération conditionnelle et la réhabili-

______

(1) Delarbre : *op. cit.* p. 125.

tation. Sauf pour l'interdiction légale, qui est intimement liée à l'exécution même de la peine principale et ne dure que pendant la durée de la peine, toutes les incapacités et déchéances résultant de la condamnation sont maintenues : c'est à la condamnation devenue définitive et non à l'exécution matérielle de la peine qu'elles étaient attachées, ce qui ne permet pas à la grâce de les faire disparaître même lorsqu'elle intervient avant l'exécution matérielle. La grâce est donc inefficace à l'égard des radiations prononcées par les cours d'assises ou les conseils de guerre comme conséquence des peines infamantes. La dégradatiou civique implique une peine ou retrait de décoration et une incapacité pour l'avenir. Le condamné grâcié, au point de vue criminel, reste incapable de porter une décoration comme il reste incapable d'être fonctionnaire public. Une grâce spéciale, au point de vue de la Légion d'honneur, ne pourrait avoir plus d'efficacité. Il en serait de même pour un commerçant déclaré en état de faillite qui se trouve suspendu de plein droit (1).

Mais faut-il assimiler, quant à l'application du droit de grâce, les peines disciplinaires aux peines de droit commun ? Le Président de la République a-t-il même liberté pour remettre une punition disciplinaire à un membre de l'Ordre que pour la prononcer et peut-il rendre une décoration retirée provisoirement ou à

(1) Aucoc (1890), p. 29.

titre définitif à la suite d'une condamnation correctionnelle ou dans l'exercice du pouvoir de discipline
que lui confèrent la loi de 1873 et le décret de 1874 ?

Il est bien évident, en effet, que la censure, dont
l'effet est uniquement moral, n'est pas susceptible de
grâce puisqu'elle est irrévocable par le seul fait qu'elle
est prononcée.

La question ne se pose donc, en matière disciplinaire,
qu'à propos des punitions qui ont des conséquences
matérielles, la suspension et la radiation. Elle a suscité
de vifs débats dans la doctrine et la jurisprudence.

D'après un premier système, la grâce ne pourrait
être accordée aux peines disciplinaires ; car ce ne sont
pas de véritables peines. Elles constituent des mesures
qui sont la suite de l'action en discipline, des châtiments *sui generis* ; elles manquent d'un élément essentiel : la publicité, et les autorités qui les prononcent
ne rendent pas de véritables jugements (1). Ce système
est suivi par quelques décisions de la Chancellerie
(Décis. ministérielles 17 janv. 1821, 12 août 1839, 10
août 1843 et 11 janv. 1855) et par la jurisprudence du
Conseil d'Etat (avis du 4 août 1893) (2).

---

(1) *Sic* : décisions min. Justice 6 janv. 1837, 12 avril 1839, 10 août
1843 et 11 janvier 1855 ; Gouraincourt : *Traité du droit de grâce sous la
3ᵉ République* (1881), p. 50 à 57.

(2) *Revue générale d'administration*, année 1892, tome 1, p. 312 et
rapport de M. Du Mesnil. — Voir aussi par M. Du Mesnil : *Le droit de
grâce et les peines disciplinaires* (1897).

Un second système, diamétralement opposé, assimile les peines disciplinaires aux peines de droit commun ; la grâce leur sera donc applicable. On peut trouver, en effet, remarque M. Aucoc, quelque difficulté à admettre que les mesures disciplinaires qui enlèvent à un membre de la Légion d'honneur une récompense d'un si haut prix ne soient pas de véritables peines. Pour soutenir que les mesures disciplinaires ne sont pas des peines parce qu'elles sont sans gravité, il faut, ajoute M. Gobron, ne jamais avoir parcouru la liste des différents châtiments prévus par les textes spéciaux à l'égard des magistrats, officiers ministériels, membres de l'enseignement, membres de la Légion d'honneur. Quand il s'agit d'enlever à un légionnaire le droit de porter les insignes d'une croix qu'il a acquise au prix de toute une vie de labeur ou sur le champ de bataille, au péril même de ses jours, peut-on dire que ce soit là une peine sans gravité ? Les doutes émis sur la nature pénale des mesures disciplinaires, ainsi que le fait observer M. Du Mesnil, rappellent la fameuse discussion qui s'éleva, lors de la rédaction de l'ordonnance de 1670, entre le premier président de Lamoignon et le conseiller d'Etat Pussort, au sujet de la question préparatoire. Fallait-il ou non rendre la question uniforme dans tout le royaume ? « En certains endroits, disait Lamoignon, on la donne si rudement que celui qui la souffre en demeure estropié pour le reste de ses jours. Il est vrai que la question n'est pas ordonnée comme une *peine*. » (1).

La jurisprudence du Conseil de l'Ordre résout par la distinction suivante l'application du droit de grâce aux suspensions et aux radiations infligées aux membres de la Légion d'honneur. S'il s'agit d'une déchéance résultant de plein droit d'une condamnation criminelle, comme conséquence nécessaire de la dégradation civique ou militaire, cette déchéance constitue une incapacité véritable ; or la grâce ne peut servir à remettre les incapacités. Au contraire, la grâce est admissible pour les suspensions ou radiations intervenues à la suite de condamnations correctionnelles ou après des actes qui portent atteinte à l'honneur sans tomber sous le coup de la loi pénale.

Ainsi donc, dans l'état actuel des choses, le droit constitutionnel de grâce, prérogative absolument discrétionnaire du Chef de l'État, n'embrasse pas les incapacités attachées à la peine principale. Il est permis de souhaiter, sur ce point, une extension législative ; car il n'existe pas d'objection théorique contre la généralisation du droit de grâce. (2) La réhabilitation reste néanmoins utile : elle fait cesser

(1) Louis Gobron : Le droit de grâce peut-il servir à remettre les peines disciplinaires ? Article dans *Rev. générale d'administration*, 1896, tome 1, p. 18. — Du même auteur : *Le droit de grâce sous la Constitution de 1875* (1893).

(2) *Sic.* M. A. Le Poittevin : *Projet de réforme du Code pénal* (1893), p. 28-29.

les incapacités par une procédure différente, efface seule la condamnation même et enlève la mention du casier judiciaire. De plus, le *desideratum* que nous formulons présenterait l'appréciable avantage de reconnaître à une même mesure disciplinaire une nature identique, sans distinguer si elle résulte d'une condamnation criminelle ou si elle est prononcée après un acte contraire à l'honneur ou une condamnation correctionnelle.

SECTION IV

De la réhabilitation.

La réhabilitation est le complément de la grâce, qui ne s'applique, en effet, qu'aux peines matérielles.

On sait qu'il faut entendre par réhabilitation une décision judiciaire qui a pour but et pour effet d'effacer une condamnation pénale dont elle fait cesser pour l'avenir les déchéances et les incapacités. C'est un moyen d'obtenir par le repentir et les efforts d'une honnêteté soutenue le rachat et l'oubli de sa faute, « un moyen de délivrer le malheureux de cette fatale robe de Nessus si cruellement attachée à sa destinée. » (Bérenger).

Depuis que la philosophie moderne a placé le devoir de corriger à côté du droit de punir, la réhabilitation est devenue la fin et comme le couronnement du régime pénitentiaire. L'espoir de l'obtenir encouragera le condamné dans la voie du bien. « Lorsqu'il rentre dans la vie libre (et l'épreuve est souvent périlleuse malgré le patronage), on ranime son courage en lui montrant le moyen d'effacer sa flétrissure. Une récompense est due à ses efforts : pour le détenu, la liberté; pour le libéré, l'honneur, c'est-à-dire la possibilité d'effacer sa condamnation. » (1)

Nous trouvons la réhabilitation à diverses époques. Le Droit romain y consacrait un titre entier au Digeste; la restitution de l'état émanait de l'empereur et rétablissait le condamné, lorsqu'elle était générale, dans ses dignités et tous ses droits de citoyen : *Honoribus et ordini tuo et omnibus cæteris te restituo* (2). L'Assemblée constituante la considérait comme un second baptême civique. Le Code de 1808 ne l'admettait qu'en matière criminelle; mais le bénéfice de l'institution fut successivement étendu par la loi du 3 juillet 1852 aux condamnés à peines correctionnelles et par une loi du 19 mars 1864 aux notaires, greffiers et officiers ministériels destitués. Enfin la loi du 14 août 1885 sur les moyens de combattre la récidive est revenue refondre la législation en cette matière dont elle a simplifié la procédure et élargi les effets (art. 619 à 634 du Code d'Instr. crim.).

La réhabilitation n'est pas devenue un droit, ainsi

(1) M. Gomot à la Chambre des Députés (séance du 16 mai 1885).

(2) *De sententiam passis et restitutis*, XLVIII, Tit. 23. — Code : *De sent. pas. et restit*, IX, Tit. 51.

qu'on l'a prétendu, pas plus qu'elle n'est d'ailleurs un
acte de clémence : c'est une mesure d'équité que la
Cour d'appel peut accorder ou rejeter, selon qu'elle
juge ou non le pétitionnaire digne d'être réhabilité. Il
y a un élément de fait ; l'appréciation de la Chambre
des mises en accusation est souveraine sur ce point et
elle échappe au contrôle de la Cour de cassation. Elle
peut estimer, par exemple, qu'en raison de la gravité
des manquements professionnels qui ont amené la
condamnation, le demandeur en réhabilitation n'a pas
encore donné de gages suffisants pour être relevé des
incapacités qu'il a encourues (1). On peut arguer en ce
sens des renseignements fournis sur sa conduite.

L'article 634 du Code d'Instr. crim. définit ainsi les
effets de la réhabilitation : « Elle efface la condamnation
et fait cesser pour l'avenir toutes les incapacités qui en
résultaient. » La restitution des droits énumérés par
l'art. 34 du Code pénal, tel le droit de porter une décoration, n'est que la conséquence de la mise à néant de
la condamnation ; mais les incapacités cessent pour
l'avenir seulement. Ce qui est rendu au condamné
réhabilité, c'est la faculté d'être décoré dans l'avenir
(*rursus habilis*), c'est l'aptitude à obtenir des distinctions
honorifiques et à être investi de certaines dignités. La
réhabilitation est pour lui un véritable baptême. Il y a
dans son passé une tache qu'l'a fait déchoir ; cette tache
a été enlevée et de nouveau toutes les portes sont

____

(1) Cass., 21 nov. 1895, *Bull. chambre crim.*, 1895, p. 483.

ouvertes devant lui comme avant sa condamnation (1).
Il n'en est pas moins vrai, cependant, que le réhabilité
n'est pas réintégré de plein droit dans les décorations
dont il a été privé ; en effet, la condamnation a été justement appliquée, le fait qui l'avait motivée et duquel
résultait l'indignité subsiste et s'oppose à la réintégration d'office ; la réhabilitation n'a pas d'effet rétroactif.

Ces principes ont été consacrés par le Conseil d'État
dans un arrêt du 20 février 1885 : l'exclusion de la
Légion d'honneur prononcée par le Président de la
République conformément à la législation spéciale
régissant cet Ordre est définitive, et la réhabilitation
du condamné ne saurait avoir pour effet de le réintégrer dans son ancien grade(2). Ils sont toujours exacts,
bien que l'arrêt ait été rendu sous l'empire de l'ancien
article 634 et il n'y a pas lieu à s'arrêter à la distinction que propose le commentateur de la décision dans
le recueil de Dalloz entre le cas où la radiation a lieu
de plein droit et celui où elle a été opérée par décret.

(1) Pallier : *De la Réhabilitation*, p. 136. — C'est la restitution des
droits et des devoirs civiques accordée au repentir et à la conduite
irréprochable, la faute rachetée par le travail et la moralité, le casier
judiciaire rendu net, le nom purifié, la famille pouvant marcher la tête
haute, cette honte que l'on traînait derrière soi comme le boulet du
forçat effacée, le passé oublié et l'avenir plein d'espérance. Bregeault
et Delagarde : *Traité théor. et prat. de la réhab. des condamnés* (1886),
p. 8.

(2) Delahourde : D. 86. 3. 17 et note; S. 86.3, 53. Autre arrêt du
1er mars 1889 : D. 90.3. 52.

Décider autrement serait donner un effet rétroactif à
la réhabilitation (1).

Ainsi donc la réhabilitation, condition essentielle et
préalable à l'examen d'une demande en réintégration
dans les cadres de la Légion d'honneur, n'est nullement une condition suffisante. Il faut non seulement
une conduite irréprochable depuis la radiation et de
manifestes preuves de repentir; il faut aussi, comme
on l'a dit, des circonstances exceptionnelles et témoi-
gnant d'un retour complet aux sentiments qui sont le
principe même de la Légion d'honneur. On doit avoir
mérité de nouveau une récompense par un ensemble
de titres particuliers, par des services réels et signalés,
par des actes exemplaires et de dévouement. Car toute
réintégration, au moins pour les Médailles militaires
et les croix, entraîne pour le semestre suivant la suppression d'une nomination nouvelle au détriment d'un
citoyen ou d'un soldat exempt de tout reproche, une
vacance étant prélevée sur le contingent général pour
faire face à chaque réintégration. Le Conseil de l'Ordre
se réserve d'apprécier, à propos de chaque espèce, la
légitimité d'une faveur pareille.

En outre, un délai de trois ans est exigé, par analogie à celui de la réhabilitation en matière correctionnelle, afin de juger la réalité du retour au bien. Le
délai court du jour de la réhabilitation s'il s'agit d'un

---

(1) *Sic*, Bregeault : *op. cit.*, p. **78**.

retrait de plein droit; du jour seulement du décret pour les radiations prononcées par le Président de la République, sur la proposition du grand chancelier et l'avis du Conseil de l'Ordre.

Enfin, une troisième condition est imposée aux militaires ou marins en activité de service : la réintégration ne peut être accordée que sur l'avis conforme du Ministre de la Guerre ou du Ministre de la Marine.

CONCLUSION

Telle est, dans ses grandes lignes, l'organisation de la discipline de la Légion d'honneur. Nous avons étudié, au cours de ce travail, le pourquoi et le comment de l'action disciplinaire, son évolution, sa structure générale, le mécanisme de sa juridiction naturelle. Le Conseil de l'Ordre agit sous la haute autorité du Président de la République : d'une manière individuelle, à titre de sanction, contre le légionnaire qui a manqué à son honneur et qu'il stigmatise ; d'une façon collective, à l'égard des autres membres de l'Ordre, comme intimidation, afin de prévenir les déshonneurs possibles et maintenir le prestige de la Légion dont il est le vigilant gardien.

Il existe, dans la législation civile, des obligations dites naturelles qui ne sont pas munies d'actions, mais

productives pourtant de certains effets. De même, en
droit pénal, il y a des manquements qui n'engendrent
aucune poursuite, mais pour lesquels le pouvoir de
discipline est cependant armé. Indépendamment des
actes frappés de l'animadversion publique, l'action
disciplinaire de la Légion d'honneur permet donc d'atteindre tous les faits incompatibles avec le sentiment
plus affiné de l'honneur et qu'il n'entre pas dans la
mission des tribunaux de réprimer.

Mais en même temps qu'elle pourvoit à la sauvegarde de l'Ordre, cette action si rigoureuse doit veiller
à ne point sacrifier l'intérêt privé de ses justiciables ;
ce qu'on appelle pompeusement, quoique non sans jus-
tesse, les droits sacrés de la défense. Il ne faut pas
oublier, en effet, que les règles de discipline ont une
grande analogie avec les peines ; que si la répression
des scandales est commandée par l'intérêt public, l'inculpé a le droit de prouver qu'on l'accuse à tort ; que
si un doute suffit pour autoriser à refuser une récompense, une certitude est nécessaire pour autoriser à
prononcer une peine ; que les lois de l'honneur sont
sacrées et qu'on peut y manquer gravement sans tomber sous le coup de la loi pénale, mais qu'elles ne sont
pas écrites ni précisées ; qu'en un mot l'œuvre de cette
justice est complexe et ne doit pas s'accomplir avec
de simples impressions, parce que la flétrissure d'une
dégradation est souvent une peine plus grave que la
perte de la liberté ou de la vie (Aucoc). Aussi la pro-

cédure du décret du 14 avril 1874 assure-t-elle aux inculpés les garanties d'une instruction contradictoire, de deux degrés d'un sévère contrôle, d'une majorité exceptionnelle lorsque l'avis conclut à l'exclusion. Et quand le pouvoir disciplinaire s'exerce à la suite de peines correctionnelles, il est statué sur le vu de toutes les pièces, procès-verbaux, interrogatoires, dépositions et témoignages, quelquefois même après une enquête spéciale de la Grande Chancellerie.

En dehors des cas où le Conseil de l'Ordre joue un rôle propre, nous avons vu que la suspension et l'exclusion sont parfois encourues de plein droit comme appoint de pénalité, le Conseil n'intervenant alors que pour enregistrer la mesure disciplinaire et assurer son exécution. N'est-il donc, dans cette hypothèse, qu'un automate, un appareil d'enregistrement chargé de l'application mathématique de la loi, et ne devrait-il être que cela ?

Le Droit, le Droit criminel surtout, ne peut rester stationnaire. Des théories se font jour, peu à peu, d'une façon fragmentaire à propos d'espèces particulières, le bloc se forme à la longue, des idées s'entrechoquent dans les congrès et la lumière jaillit. Déjà, lors de la rédaction du Code pénal, on proposait de ne pas attacher l'infamie légale aux crimes politiques ; on hésitait à assimiler le condamné politique et le malfaiteur de droit commun, à identifier le conspirateur et le meurtrier, le délinquant de presse et l'escroc. Faut-il

compter pour rien l'honorabilité du motif, l'entraîne-
ment de la conviction? L'honneur, suivant une définition de M. Sully-Prudhomme, consiste tout entier
dans la belle qualité du mobile qui dirige les actes.
Le mobile, ambition ou bien public, n'est pas toujours
méprisable. La loi incrimine sans doute; mais l'honneur est sauf et le danger corporatif inexistant. La loi
dicte la règle. En face de cette obligation, serait-il
impossible de s'attribuer une appréciation concrète de
la personne du condamné? Nous laissons sous une
forme dubitative cette question soulevée incidemment,
sans prendre parti dans un si délicat problème. L'histoire de l'action disciplinaire de la Légion d'honneur
nous a montré qu'on n'avance sur un pareil terrain
qu'avec prudence et circonspection.

On pourrait se demander également si la dégradation
civique, ensemble de déchéances indivisibles et perpé-
tuelles, n'est pas susceptible d'être scindée ou attachée
de plein droit, non à la gravité des condamnations
prononcées, mais à des infractions déterminées pour
être mise en rapport avec la nature de l'infraction
qu'elles atteignent. Cette individualisation de la peine
constituerait peut-être une innovation qui ne va point
sans difficultés. Nous croyons pourtant devoir indiquer
ce point de vue très sommairement, avant de quitter la
voie que nous avons parcourue, parce que nous pensons, avec Royer-Collard, que la plus grande preuve
de respect qu'on puisse donner aux lois de son pays,

c'est d'en signaler les imperfections, quand on le fait avec gravité, avec réserve et qu'on n'a d'autre mobile que l'intérêt public.

TABLE DES MATIÈRES

CHAPITRE V

Des recours devant le Conseil d'État . . . .

CHAPITRE VI

Extinction de l'action disciplinaire et de la peine.